Katja Demma'Indo

Sag es laut! Geschichten für Ohren, Herz und Mund

Katja Demma'Indo

Sag es laut! Geschichten für Ohren, Herz und Mund

Andachten und bliblische Geschichten

Fromm Verlag

Impressum/Imprint (nur für Deutschland/ only for Germany)
Bibliografische Information der Deutschen Nationalbibliothek: Die Deutsche Nationalbibliothek verzeichnet diese Publikation in der Deutschen Nationalbibliografie; detaillierte bibliografische Daten sind im Internet über http://dnb.d-nb.de abrufbar.

Coverbild: www.ingimage.com

Contact:
International Book Market Service Ltd., 17 Rue Meldrum, Beau Bassin, 1713-01 Mauritius
Website: www.bookmarketservice.com
Email: info@bookmarketservice.com

Gedruckt in: USA, UK, Deutschland. Dieses Buch wurde nicht in Mauritius produziert.

Imprint (only for USA, GB)
Bibliographic information published by the Deutsche Nationalbibliothek: The Deutsche Nationalbibliothek lists this publication in the Deutsche Nationalbibliografie; detailed bibliographic data are available in the Internet at http://dnb.d-nb.de.

Cover image: www.ingimage.com

Contact:
International Book Market Service Ltd., 17 Rue Meldrum, Beau Bassin, 1713-01 Mauritius
Website: www.bookmarketservice.com
Email: info@bookmarketservice.com

Printed in: U.S.A., U.K., Germany. This book was not produced in Mauritius.

ISBN: 978-3-8416-0146-9

Inhaltsverzeichnis 1

Inhaltsverzeichnis

Text: 1. Mose 2,18-25: Adam und Eva verliefen sich im Wald - Eine Liebesgeschichte
Thema: Liebe und Partnerschaft
Zielgruppe: Jugendliche und Erwachsene
Methode: Erzählung

ES wanderte im Garten herum. Im Wald war es angenehm kühl. Der Kopf hing ihm herab. ES rupfte ein paar Blätter vom Baum. ES dachte nach.
„Woran denkst du?“ fragte Gott, der plötzlich hinter Adam aufgetaucht war.
„Ach, nichts Bestimmtes.“ sagte Adam.
„Das glaube ich dir nicht. Du bist in letzter Zeit so bedrückt. Vielleicht kann ich dir helfen?“
„Ach was, ich habe nichts. Nur eine kleine Magenverstimmung.“ Adam ging weiter. ES blickte um sich. ES sah die Tiere, die Bäume, den Himmel, die Sterne. Alles hatte Gott wunderbar gemacht. Und was war mit ihm?
„Sag mal, Adam, bist du glücklich?“ Adam zuckte zusammen. Gott schon wieder!
„Wie meinst du das? Mir fehlt nichts!“
„Bist du sicher?“ Adam nickte leicht: „Ich habe doch alles: Genug zu Essen, zu Trinken, einen wunderschönen Garten, Tiere und dich zum Reden.“
„Soso“, schmunzelte Gott, „mich zum reden. Naja, ist ja auch ganz nett.“ Adam sah Gott an: „Warum fragst du mich solche Sachen. Du siehst doch, was in mir vorgeht. Du hast mich erbaut. Du weißt doch sowieso alles!“ „Eben!“ meinte Gott.
„Sei's drum, Kumpel!“ meinte Adam und nahm sich einen Pfirsimangapfel ohne Kerne. ES setzte sich, aber sein Herz streifte umher. ES fand keine Ruhe. Manchmal zog es heftig in seinem Herzen. In seinem Magen fing es an zu kribbeln. ES verstand nicht so ganz, was in ihm vorging. Adam wollte „mehr“, obwohl ES alles hatte. Ihm fehlte etwas, aber ES konnte es nicht in Worte fassen. ES fühlte sich nicht ganz, irgendwie allein. Ja, da waren die Tiere. Und da war Gott. ES war froh, dass Gott da war. Mit ihm zu reden tat gut. Seine Hand auf der Schulter zu spüren war heilsam. Naja, aber... Aber was? ES wusste es einfach nicht.
Gott setzte sich neben ihn auf den Stein: „Weißt du, ich habe mir etwas überlegt. Wie wäre es, wenn du mit mir in meine Künstlerwerkstatt kommst. Mal sehen, ob ich irgendwas hinbekomme, das dich aufmuntert!“
„Ach, Gott, das ist wirklich gut gemeint, aber was soll ich noch bekommen. Ich habe doch schon alles. Und die Hauptsache ist doch, dass wir Freunde sind!“
„Ja, das soll auch so bleiben. Aber es kann doch nicht schaden, wenn ich es wenigstens versuche. Wenn es dir nicht gefällt, dann kannst du dich ja wieder allein hier auf den Stein setzen und wir führen unsere hochinteressanten Gespräche, o.k.?“

„Also gut, wenn du meinst. Ich komme gleich mit." Die beiden gingen zu Gottes Künstlerwerkstatt. Immer wieder staunte Adam über die Dinge, die darin waren. Unbeschreiblich schön. ES kannte keinen Namen für die Sachen. Das war auch nicht so wichtig. Sie funkelten und glänzten in der Sonne und waren einfach schön anzusehen.

„Setz dich. Entspann dich. Du musst nichts weiter machen", sprach Gott. Er lächelte Adam so komisch wissend an und blickte ihm tief in die Augen. Adam meinte, darin zu versinken. Es war faszinierend.

„Adam, schau, was ich dir gemacht habe!" Gottes Stimme kam aus weiter Ferne. Adam musste eingenickt sein. So ein Ärger. ER hatte gar nicht zuschauen können bei Gottes Kunstwerk. ER schaute auf. Sein Herz geriet ins Stocken. ER öffnete den Mund, bekam aber keinen Ton heraus. Die Welt hielt den Atem an und von irgendwoher kam eine leise Musik, die die Luft in Wallung brachte. Vor seinen Augen stand das wunderbarste Wesen, das ER je gesehen hatte. Ihm wurde übel und wohl zugleich. Es lief ihm heiß und kalt über den Rücken. Seine Arme überzog eine Gänsehaut und seine Augen begannen zu leuchten. Sein Herz fiel ihm vor die Füße. SIE hob es auf, betrachtete es interessiert und meinte: „Ich glaube, das gehört dir!" SIE wollte es ihm reichen, aber da kam endlich ein Ton über seine Lippen: „Du kannst es behalten!"

Hinter ihm hörte ER ein merkwürdiges Glucksen. ER drehte sich um. Gott lief rot an und fing an, aus vollem Hals zu lachen: „Da ist er sprachlos, der Junge. Das habe ich mal wieder gut hingekriegt."

Eva grinste. Adam war glücklich.

Text: 1. Mose 6-8: Noah und die Arche
Thema: Gott vergisst Menschen und Tiere nicht
Zielgruppe: Konfirmanden und Jugendliche
Methode: Text in verteilten Rollen

„Rhrhrh!!!“ Die Arche erzittert. Die Spinnen an der Wand mit ihr. Das Nashorn ist mal wieder eingeschlafen und schnarcht was das Zeug hält. „Rhrhrh!“
„Hihihihi!“ Die Wüstenspringmaus springt vergnügt vor dem schlafenden Nashorn auf und nieder. „Komm, lass uns ihm Popcorn in die Nase stopfen“, muntert es seinen Artgenossen auf. Dieser aber starrt konzentriert zum Dach der Arche rauf.
„Ey, was guckst du denn so verspult? Komm, lass uns das Nashorn ärgern! Es ist doch schon so langweilig hier auf der Arche! Ein bisschen Spaß muss sein!“
„Pst!“ macht das Springmausmännchen, „hörst du das nicht?“
„Hä? Was denn, ich hör nix!“
„Eben, du Springmaushirn! Das ist es ja gerade! Ich hör auch nichts. Weißt du nicht, was das bedeutet?“
Die Wüstenspringmaus runzelt konzentriert die Stirn. „Mann, der Regen hat aufgehört!“ und sie schreit dem schnarchenden Nashorn ins Ohr: „Der Regen hat aufgehört!“
Dieses rappelt sich verdutzt hoch: „Wie, was, wo? Schon wieder Essenszeit?“ Es blickt suchend umher und entdeckt die Wüstenspringmaus, wie sie aufgeregt vor ihm auf und ab hüpft: „Der Regen hat aufgehört!“
„Ja und?“ das Nashorn ist noch etwas verschlafen und rekelt sich. Plötzlich hält es inne: „Der Regen hat aufgehört?“ Und nach einer kurzen Pause ruft es im Chor mit den Springmäusen und seiner Gattin, der Nashörnin: „Der Regen hat aufgehört!!!“
Langsam aber sicher kommt Bewegung in die Arche. Die Löwen springen auf und machen ein Wahnsinns Gebrüll. Die Antilopen hüpfen erschrocken in die Höhe und machen ein paar wilde Sprünge. Die Geckos amüsieren sich über diesen Anblick und brechen in Gelächter aus. In der Arche regt sich das Leben. Als wieder Ruhe einkehrt schauen alle zu Noah und seiner Frau. Sie haben es auch gehört.
„Kann es denn wahr sein?“ Die Noah-Frau macht große Augen. „Hat es endlich ein Ende? Der Elefantenmist hat mich schon fast umgebracht. Und das Schnarchen der Nashörner erst. Noah, ich glaube, Gott denkt wieder an uns. Was meinst du?“
„Du hast wohl Recht. Das Warten und Bangen hat ein Ende. Gott hat uns nicht vergessen und er hilft uns. Siehst du? Das Futter geht schon fast zur Neige. Aber jetzt haben wir Aussicht auf Freiheit.“

Noah zieht sich in eine dunkle Arche-Ecke zurück und geht auf die Knie: „Danke, Gott!" betet er, „danke, dass du dein Versprechen wahr machst und dass dein Zorn nicht ewig ist."

Danach hat er eine Eingebung: „Kinder, wir müssen wissen, wann wir wieder trockenen Fußes aus der Arche können. Was sollen wir tun?"

„Lass mich nachschauen, bitte, lass mich nachschauen!!" schreit der Pandabär und krallt sich in die Wade von Noah.

„Na, was machst du denn da?" lacht Noah. „Willst du etwa nicht aus der Arche?"

„Doch, doch, doch! Lass mich doch nachschauen, ob das Wasser schon weg ist."

Die lustigen Ameisenbären kugeln sich am Boden vor Lachen: „Ich halt's nicht aus. Der Panda will raus aufs offene Wasser, dabei kann er ja noch nicht mal schwimmen, der ist ja so was von…"

„Wir lassen eine Taube raus!" unterbricht Noah sie.

Und flugs lässt er die Taube aus einer kleinen Luke. Die Taube fliegt hinaus. Alle warten gespannt, was passieren wird. Aber nach einigen Stunden kommt sie einfach wieder. Sie sieht ganz kaputt aus von der Fliegerei. Enttäuscht lassen die Hunde die Ohren hängen.

Auch Noah ist ratlos: „Sie kann sich offensichtlich noch nirgends ausruhen. Das Wasser scheint noch alles zu bedecken."

„Nur nicht so schnell aufgeben", sagt die Noah-Frau. „Das wird schon. Gott sieht, dass wir hier bald raus müssen. Er wird es schon zur rechten Zeit tun."

Aber auch beim zweiten Mal kommt die Taube wieder angeflogen. Schon wollen die Stinktiere motzend ihren Duft rauslassen. „Neeeeiiiiin!" schreit Noah. „Seht doch, die Taube hat was im Schnabel. Bloß keinen Dampf ablassen, das hat uns gerade noch gefehlt!"

Alle werden still als die Taube sich auf der Schulter von Noah niederlässt. „Oh", piepst da die Kohlmeise, „das ist ja ein Blatt von einem Ölbaum. Etwas Grünes, Freunde, etwas Lebendiges von einem Baum. Ist das nicht schön?" Sie flattert fröhlich über den Köpfen ihrer Tierfreunde umher.

Noah schaut seine Frau und seine Kinder vorsichtig an: „Lasst uns lieber noch ein bisschen warten. Das wäre ja was, wenn wir die Tür aufmachen und uns kommt eine Ladung Wasser entgegen."

„Ist gut", sagt die Noah-Frau, „die paar Tage halten wir es jetzt auch noch aus."

Doch die Tiger, Panther und Leoparden schleichen unruhig von einer Archeseite auf die andere. Sie haben Lust auf Leben, Luft und Freiheit, auf Jagen, sich bewegen und unabhängig sein.

Die Noah-Familie beobachtet die wilden Tiere skeptisch: „Du, Noah", sagt seine Frau nach sieben Tagen, „ich glaube, du solltest noch mal den Taubentest machen. Sonst überleben wir die Arche doch nicht."

„Ist gut", antwortet Noah und lässt die Taube wieder fliegen. Alle warten. Das Nashorn fängt wieder an zu schnarchen. „Rhrhrh!"

„Sie kommt nicht wieder zurück!“ krakeelt der Geier. „Raus hier, raus hier, raus hier!“ Nach und nach stimmen alle Tiere in das Geschrei mit ein: „Raus hier, raus hier, raus hier!“

„Ist ja schon gut!“ Noah eilt zur Tür. „Sind alle bereit?“ „Jaaaaaaaaa!!!“ schreit es zurück.

Also macht Noah die Tür zur Arche auf.

Luft dringt in die Arche, frische Luft und, ja, was für ein unsagbares Wunder: Sonne!

Da hören alle, Mensch und Tier, eine Stimme. Die war anders als alle Stimmen, die sie bisher gehört hatten, nicht Mensch, nicht Mann oder Frau und nicht Tier. Irgendwie etwas dazwischen und doch so viel mehr. Sie spricht zu ihnen und was sie sagt, erfüllt alle Menschen – und Tierherzen mit Freude: „Geh aus der Arche, du und deine Frau, deine Söhne und die Frauen deiner Söhne mit dir. Alles Getier, das bei dir ist, von allem Fleisch, an Vögeln, an Vieh, an Gewürm, das auf Erden kriecht, das gehe heraus mit dir, dass sie sich regen auf Erden und fruchtbar sind und sich mehren auf Erden.“

Das lassen sich Noah, seine Familie und alle Tiere in der Arche nicht zweimal sagen. Sie stürmen mit Freudengeheul aus der Arche auf den Erdboden. Lange Zeit tanzen und singen und schreien alle, weil sie so glücklich sind. Sie haben wieder festen Boden unter den Füßen. Sie können wieder den blauen Himmel sehen. Sie sind gerettet und frei und dürfen sich wieder am Leben freuen.

Als sich alle wieder beruhigen, fasst Noah einen wichtigen Entschluss: „Ich will Gott danken mit euch allen, dafür, dass er am Ende wieder alles gut für uns gemacht hat. Dafür, dass er an uns gedacht hat. Dafür dass er die Menschheit nicht zugrunde gerichtet hat, dafür dass sein Herz so groß ist, dass wir alle Platz darin haben.“

Noah baut einen Altar, einen wunderschönen Ort. Alle Menschen und Tiere schauen andächtig zu und danken Gott in ihrem Herzen, dass sie überlebt haben.

„Ich sehe euch da unten, meine Kinder“, ertönt wieder die wundersame und wunderschöne Stimme von irgendwoher, selbst die Luchse können nicht sagen, woher. „Habt keine Angst mehr.“

Aber die schreckhaften Zebras zucken trotzdem zusammen: „Da ist wieder die Stimme!“ flüstert eines. „Gott spricht wieder zu uns.“

„Ich will von nun an nicht mehr die Erde verfluchen wegen der Menschen. Ich sehe ja, dass in ihren Herzen immer auch etwas Böses ist, das sie nicht so einfach los werden. Ich will nicht mehr drein schlagen auf alles, das lebt, wie ich es getan habe. Sondern ich will mich erbarmen über die Menschenkinder, die so oft mit sich selber und anderen Menschen und auch mit mir hadern. Wo sie sich helfen lassen, will ich ihnen helfen. Wo sie sich vergeben lassen, will ich ihnen vergeben. So lange es die Erde gibt, sollen die Jahreszeiten nicht aufhören sich abzuwechseln, soll es Sommer und Winter, Hitze und Kälte, Tag und Nacht geben. Noah, komm her! Ich will dich segnen. Ich will mich dir zuwenden. Ich will mich mit dir verbünden, auch mit deinen Kindern und deren Kindern.

Dieser Bund, den ich mit euch schließe, ist ewig und stark und nichts und niemand kann euch von mir trennen."
Die kluge Katze raunt ihrem Gefährten zu: „Hör dir das an. Das meint Gott ernst. Das ist nicht nur ein billiges Versprechen von Treue, das ich immer wieder von dir höre. Das ist echt und wahr und dem kann ich vertrauen."
Der Katergefährte guckt beschämt auf den Boden: „Du hast ja recht. Gott kann man mehr trauen als Menschen oder gar Katern. Aber ich werde mir in Zukunft Mühe geben, meine Versprechen zu halten."
„Seht nur!" trötet der Elefant. „Schaut mal nach oben. So was Schönes habe ich ja noch nie gesehen. Was ist das?"
Alle blicken mit offenen Mündern an den Himmel. Über ihnen wölbt sich ein klarer und leuchtender Bogen mit vielen verschiedenen Farben. Er ist wunderschön anzusehen.
Die Frau von Noah bringt es auf den Punkt: „So wie dieser Bogen ist die Liebe Gottes zu uns Menschen und Tieren: Bunt und klar, groß und wunderbar."
Dem ist nichts mehr hinzuzufügen und alle feiern ein großes Fest.

Text: 1. Mose 11,1-9: Der Turmbau zu Babel
Thema: Ich will alles! Sehnsucht nach mehr
Zielgruppe: Jugendliche
Methode: Erzählung, verfremdet

„Ich will mehr!" brachte Hamurib zähneknirschend heraus. „Mir reicht das alles nicht mehr!"
Seine königlichen Berater schauten sich ratlos an. Was der König schon wieder hatte.
„Aber Hamurib, sieh dich doch um! Was du schon alles erreicht hast. Du hast die größte Stadt im ganzen Land gebaut!"
Hamuribs erster Berater mit langem, grauen Bart und schon etlichen Jahren auf dem Buckel, führte ihn ans Fenster: „Schau sie dir an, wie sie glänzt und im Abendlicht erstrahlt. Die Sklaven sind gerade mit der goldenen Straße fertig geworden, die vom Haupttor zum Göttertempel führt. Das war doch dein größter Wunsch. Nun ist er endlich in Erfüllung gegangen!"
„Jajajajaja!" Hamurib wurde ungeduldig. „Das ist ja alles schön und gut. Ich bin stolz darauf. Aber jetzt will ich etwas Neues. Etwas, das größer ist als alles, was ich bisher vollbracht habe. Etwas, das über die Grenzen unserer Stadt hinausgeht. Mich in der ganzen Welt berühmt macht. Ich will, dass mein Name in aller Munde ist."
Die königlichen Berater schüttelten den Kopf. Hamurib war nie zufrieden mit dem, was er gerade hatte. Die Sklaven und Arbeiter waren erschöpft, aber der König wollte mehr, mehr, mehr!
„Ich weiß auch schon was!" ließ Hamurib in ihre trüben Gedanken verlauten. „Einen Turm des Tempels! Einen Turm, den jeder schon von weitem sehen kann. Reisende erfahren: Hier wohnt der mächtigste König der Welt! Los, holt den Hofarchitekten! Aber schnell!"
Eilends lief einer los und holte Mussad. Kurz darauf kam er keuchend in den Sitzungssaal, fiel seinem König vor die Füße und sprach: „Was kann ich für euch tun? Euer Wunsch ist mir Befehl!"
„Entwerfe Pläne für den höchsten Turm, den die Welt je gesehen hat. Bis hinauf über die Wolken, so hoch, dass niemand sein Ende sehen kann."
„Oh Gott", dachte Mussad, „diesmal ist er völlig übergeschnappt. Wo soll das nur enden?"
„Fang sofort an! Dein Lohn wird verdoppelt!"
In den folgenden Wochen arbeiteten Mussad und seine Mitarbeiter fieberhaft an den Plänen. Und endlich konnten die Bauarbeiten beginnen. Der Turm wuchs rasch. Die Sklaven arbeiteten Tag und Nacht daran. Immer wieder kam der König heraus geritten und rief: „Höher! Immer höher!"
Die Tage gingen dahin. Etliche Ziegelsteine wurden gebrannt. Je höher der Turm wurde, desto zittriger wurden die Arbeiter. In Schwindel erregender Höhe mussten sie Stein auf Stein bauen. Nie war es dem König hoch genug: „Ich kann ja noch das Ende sehen. Bis über die Wolken sollt ihr bauen!" Der Architekt Mussad stieg die tausend Treppen des Turms hoch und hing seinen

Gedanken nach. Der König musste größenwahnsinnig geworden sein. Das war doch nicht normal. Oben angekommen, wagte er kaum nach unten zu schauen. Sein Blick richtete sich nach oben. Die Wolken schienen in unerreichbarer Ferne.

„Oh, mein Gott!" betete er zu irgendeinem Gott, den er nicht kannte, aber von dem er annahm, dass es ihn gab. „Wo soll das nur enden? Bald ist Hamurib da, wo er hin will: Im Himmel, wo er Gott spielen kann."

Und Gott, der Mussad ganz genau kannte, hörte dessen Stimme und schaute runter auf die Erde. „Das muss ich mir näher anschauen!" sagte er und stieg herab von seinem gewaltigen Thron. Als er so vor dem Menschenwerk der unstillbaren Gier stand, musste er grinsen, angesichts dieses Fingerhutes von Turm. Dennoch. Mussad hatte Recht. Wo sollte das noch enden? Der Mensch kann viel schaffen durch seinen eigenen Willen. Leider ist dieser Wille nie befriedigt. Immer mehr und mehr, immer höher hinaus, immer schneller, besser, größer. Dabei erhalten sie nie das, was sie wirklich wollen: Ein erfülltes Leben von Bedeutung.

„Sie werden wohl immer so weiter machen und doch nicht hinter das Geheimnis eines wirklich großartigen Lebens kommen", sprach Gott mit sich selber. „Ich will ihnen Einhalt gebieten, damit sie nicht an ihrer eigenen Gier ersticken!"

Eine Weile überlegte er, was wohl das Beste sei. Sie alle vernichten? Nein, dafür hatte er sie viel zu gern. Den Turm umschmeißen. Ach, dann bauen sie bald einen neuen. „Ich hab's!" sagte der Gott der Vielfalt. „Sie bekommen unterschiedliche Sprachen, damit sie sich nicht mehr verständigen können. Das ist doch eine gute Idee!" Zufrieden stieg er in die Höhe, hoch über die Wolken, auf seinen mächtigen Thron und blickte herab auf seine Menschen. Ein wenig schmunzeln musste er doch über die verdutzen Gesichter der Sklaven als sie ihre Herren nicht mehr verstanden. Fast hätte er sich vor Lachen auf die Schenkel gehauen, als er das Gesicht von Hamurib sah. Aber er verbiss es sich. Schließlich war das ja gar nicht komisch, oder doch? Das mit dem Turmbau zu Babel.

Text: 1. Mose 12,1 + 4 + 15,6: Abrahams Grenzüberschreitung
Thema: Grenzen überschreiten, Änderungen im Leben, Gott vertrauen
Zielgruppe: Erwachsene, Mitarbeitende
Methode: Andacht

„Der Herr sprach zu Abraham: Zieh weg aus deinem Land, von deiner Verwandtschaft und aus deinem Vaterhaus."

Einfach mal nur weg. Weit fort von allem. Dem Alltag entfliehen. Gerade dann, wenn es drunter und drüber geht.

Einfach nur mal weg. Aber nicht so lange. Nur für einen Augenblick, bis die Wogen sich geglättet haben. So ganz das Gewohnte hinter sich lassen, Sicherheiten aufgeben, Neues wagen, das nicht abwägbar ist? Das ist doch eine Nummer zu groß.

Abraham soll weg. Ganz weg. Nicht nur für einen Augenblick. Abraham soll seine Wurzeln verlassen. Ob ihm das leicht gefallen ist? Ob sich sein Herz auf dem Weg zurück sehnte nach der alten Heimat? Bestimmt! Doch sein Blick richtet sich nach vorn, sein Gesicht wendet sich dem zu, der ihn ruft. Auf dem Weg lernt er Gott anders kennen. Schwere Zeiten sind das, aber auch intensive, tiefe, bereichernde. Abraham muss Grenzen überschreiten. Innere und äußere. Um ein reiches Leben zu bekommen.

Weg gehen. Ganz weg? Möglicherweise der Weg nach Übersee zu den Ureinwohnern Neuguineas? Das kann sein. Wer weiß, wo der Weg hinführt. Wenn Gott dazu beruft. Muss aber nicht!

Es kann auch bedeuten: Sich lösen von dem Altbewährten, das manchmal der ganz normale Alltagstrott ist. Sich lösen von den gewohnten Denkweisen, die schon allzu eingeschliffen sind. Stattdessen den Blick auf Gott richten, der neue Horizonte eröffnet.

„Geh weg in das Land, das ich dir zeigen werde."

Gott hält etwas bereit. Etwas Neues. Abraham kennt Gott noch gar nicht gut. Er spürt aber, da spricht jemand zu ihm, der eine wichtige Rolle in seinem Leben einnehmen wird. Für den Anfang braucht er Vertrauen, dass es ein guter Weg ist. Denn Gott nennt nicht das genaue Ziel. Er sagt nur: Geh! Wage die Schritte in deinem Leben.

Niemand weiß genau, wie sein Ziel aussieht. Das zeigt sich immer nur Schritt für Schritt. Vertrauen auf Gott ist erforderlich. Die Gewissheit, dass er am Ziel schon auf uns wartet. Das kann dauern, reifen, ins Wanken geraten, muss sich bewähren. Abraham ist Wochen und Monate durch die Wüste gezogen, hat Krisen erlebt, Auseinandersetzungen, Zweifel. Daran ist er gereift. Er hatte Zeit zum Nachdenken.

„Da zog Abraham weg, wie der Herr ihm gesagt hat."

Abraham reagiert. Er antwortet auf die Aktion Gottes. Er kommt in Bewegung. Es kostet ihn Kraft, Mut, Ausdauer. Er ist bereit, sich Gott auszuliefern. Er glaubt Gott, dass alles seinen Sinn macht. Das ist ein ständiges Vertrauen, gerade dann, wenn alles nicht sonderlich verheißungsvoll aussieht, wenn die Kraft für den Alltag fehlt, wenn Glauben schwer fällt, wenn der Kontakt zu Gott getrübt ist durch unerfüllte Wünsche.

Gegen negative Haltungen ruft uns Gott hinein in seinen Bereitschaftsdienst. Was es dazu braucht? Nicht so viel, nur eine kurze Antwort des Herzens:

„Abraham glaubte dem Herrn, und der Herr rechnete es ihm als Gerechtigkeit an.“

Text: 1. Mose 16,1-13: Fremde Frauen - Hagar
Thema: Streit, Konflikte, Mut
Zielgruppe: Frauen
Methode: Erzählung mit Gegenständen *(Fernglas und Frauenfigur, z.B. biblische Erzählfigur. Diese kann irgendwo im Raum aufgestellt sein, etwas versteckt und die ZuhörerInnen suchen sie mit dem Fernglas.)*

Eine Frau mitten in der Wüste. Eine Frau, die nicht auf der Sonnenseite des Lebens steht. Der Mann hat das Sagen, sie muss gehorchen. Noch dazu ist sie eine Ausländerin, eine Fremde. Und dann ist sie auch noch eine Magd. Sarai ist ihre Herrin. Weit weg von der Heimat bestimmen andere über jeden Schritt ihres Lebens. Sarai, die Herrscherin kann mit ihr machen, was sie will. Und das tut sie auch.
Sarai - eine alte und kinderlose Frau. Gewiss, eine Herrscherin, beherrscht vom eigenen Kinderwunsch. Aber es gibt eine Notlösung: Die Magd Hagar soll stellvertretend für Sarai das Kind bekommen.
Hagar – die Beherrschte, die Ungefragte. Die Entscheidung ist gefallen. Sie muss sich fügen. Sie muss mit einem Mann zusammen kommen, den sie kaum kennt und mit Sicherheit nicht liebt. Sie muss ein Kind von ihm bekommen und kann es selber nicht behalten. Schlecht behandelt, ungerecht behandelt, nicht wertgeschätzt. Ein Aufschrei gegen dieses Unrecht ist nötig. Aber es schreit niemand. Es kommt noch schlimmer: Hagar wird tatsächlich schwanger. Und sie beginnt sich zu wehren. „Sie achtete ihre Herrin gering." Sie will sich nicht alles gefallen lassen. Jetzt ist sie doch auch jemand. Jetzt ist sie eine Frau mit Kind. Dem Kind eines wichtigen Mannes.
Sarai ihrerseits will sich das nicht gefallen lassen. Sarai demütigt Hagar, sie behandelt sie noch schlechter, in aller Öffentlichkeit. Hagar, die Magd, sie flieht. Sie verlässt den sicheren Ort. Den Ort zwar, an dem es ihr nicht gut ging, aber an dem sie zumindest versorgt wurde. Sie flieht in die Wüste. In die Ungewissheit. Dort ist sie auf sich selber gestellt. Es ist niemand mehr da, der sie demütigt. Aber es ist auch niemand mehr da, der sich um ihre Lebensgrundlage kümmert: Dach über dem Kopf, Kleidung, Essen und Trinken. Das ist es ihr wert. Lieber so als in der gewohnten Situation bleiben, gedemütigt werden, kein Recht über Leben zu haben. Hagar hat der Mut der Verzweiflung gepackt. Sie ist eben nicht nur die einfache Magd. Sie ist ebenso eine stolze und starke Frau. Sie weiß, dass sie etwas wert ist. Sie hat es nicht verdient, so behandelt zu werden, weil es niemand verdient hat, so behandelt zu werden. Sie hat den Mut, aus dem Alten auszubrechen.
Nun steht sie da – in der Wüste. Allein.
In der Wüste, in der Einsamkeit, in der ausweglosen Situation begegnet Hagar Gott. Sie sieht ihn, sie erkennt ihn. Sie versteht das Wesen Gottes. Er ist ein Gott, der sie sieht. Gott versteht sie, Gott

weiß von ihr, Gott lässt Hagars Elend nicht kalt. Eine Begegnung mit Gott, die ihr Innerstes verändert. Nicht aber die äußere Situation. Sie soll wieder zurück. Und sie geht. Aber sie geht nicht als die alte Hagar zurück. Sie geht als eine neue Frau mit neuem Wert in ihr altes Leben zurück. Gott befreit Hagar nicht spektakulär, er nimmt ihr nicht ab, was schwer ist. Sie wird noch weitere harte Dinge erleben, sie wird auch wieder traurig sein und verzweifelt. Aber ihre Blickrichtung hat sich verändert, zu Gott hin. Was ihr Kraft und Mut für ihren weiteren Lebensweg verleiht, ist die Zusage Gottes: Ich habe dich gesehen, ich habe dein Elend gehört, ich bin bei dir und ich will dir eine Zukunft geben.
Und Gott hält, was er verspricht.

Text: 1. Könige 19,1-13: Elia in der Höhle
Thema: Krisen und Neuanfang
Zielgruppe: (Junge) Erwachsene
Methode: Erzählung

Die Stille nach dem Sturm hallt in seinen Ohren nach. Sie ist eindringlicher als Wind, Erdbeben und Feuer. Gebannt starrt er auf den Höhlenausgang, vom Dunkel ins Licht. Sollte er oder sollte er nicht? Wollte er den Schritt nach draußen wagen? Sein Blick schweift in seiner Höhle umher. Hier hatte er sich geborgen gefühlt, geschützt und befreit. In seiner Höhle musste er nicht kämpfen, sich nicht rechtfertigen, nichts leisten.
Doch nun hallt die Stille nach dem Sturm in seinen Ohren. Das sanfte Sausen von draußen lockt ihn. Noch hält er inne. Doch die Neugier ist stärker als das Zagen. Er ist sich nicht sicher, was ihn draußen erwartet. Darum hüllt er sich in seinen Mantel, verdeckt sein Gesicht, nimmt innerlich Abstand. Er tritt vorsichtig heraus, nur bis an den Eingang der Höhle, und blickt hinaus in die Wüste. Schon will er sich wieder zurückziehen, denn die Erinnerung ist zu mächtig. Da hält ihn etwas zurück: „Was hast du hier zu tun, Elia?"
Erstaunt blickt er hinaus in die Wüste. Er spürt der Frage nach. Kein Vorwurf, keine Kritik, keine Mahnung schwingt mit. Vielmehr echtes Interesse. Konnte Gott so sanft sein?
„Was hast du hier zu tun, Elia?"
Ausruhen, antwortete er mit der Stimme seines Herzens. Nichts mehr tun müssen, nicht mehr erfolglos kämpfen, nicht mehr fliehen. Zuviel war geschehen, das ihm die Kräfte geraubt hatte. Wehmütig blickt er hinaus in die Wüste und führt seine Gedanken zurück an den Ausgangspunkt seiner Krise.
Er hatte sich für Gott eingesetzt. Er war gehorsam gewesen, hatte sich verausgabt für seinen Auftrag und viel dabei riskiert. Doch was hatte er dafür zurückbekommen? Lohn? Dank? Anerkennung? Nein, eine Mordandrohung von einer Frau. Von einer ungläubigen Frau. Was für eine Erniedrigung. Das war zuviel. Nach dem Höhenflug kam der tiefe Fall. Er konnte nur noch an Flucht denken. Weg von den Konflikten. Weg von der Bedrohung. Weg vom Misserfolg. Sein eigenes Gefühl von Versagen floh mit ihm. Er floh vor sich selber und dem abwesenden Gott.
Er war gelaufen und gelaufen bis er auch körperlich am Ende war. Die Wüste war ihm ein willkommener Ort. Ein dürrer Strauch malte ihm sein eigenes Leben vor Augen. Dort legte er sich nieder und wollte nie wieder aufstehen.
„Es ist genug. So nimm nun, Herr, meine Seele; ich bin nicht besser als meine Väter."

Das ganze Unglück brach über ihm zusammen. Eine bittere Erkenntnis zog ihn noch weiter hinab in die Öde: Ich bin nicht besser als meine Väter. Ich habe es auch nicht besser gemacht. Ich habe auch keinen bleibenden Erfolg. Ich bin es nicht wert.
Über sein Klagen schlief er erschöpft ein. Er wusste nicht, wie lange er dort gelegen hatte. Etwas drang durch seinen Dämmerschlaf. Roch er da frisches Brot? Spürte er eine Hand auf seiner Schulter? Wie war das möglich an diesem einsamen Ort? Doch tatsächlich, er hörte es genau: „Steh auf und iss!"
Mühsam hob er die Lider und schaute sich um. Wasser und Brot standen in seiner Reichweite. Einen Menschen sah er nicht, aber er meinte, leichte Fußspuren im Sand zu sehen. Geheimnisvoll! Er griff zum Wasser. Kühl und frisch rann es seine Kehle hinab. Eine Wohltat! Das einfache Brot schmeckte köstlich nach frischem Weizen und Leben. Etwas regte sich in ihm. Aber es reichte nicht zum Aufstehen aus. Die Erinnerung an seinen Misserfolg übermannte ihn. Schlaf schien der einzige Ausweg hinein ins Vergessen.
Ein Windhauch strich über seine Wange und weckte ihn ein zweites Mal. Oder war es eine streichelnde Hand? Waren Minuten vergangen? Stunden? Er wusste es nicht. Schlaftrunken blickte er auf. War dort eine Gestalt? Er rieb sich die Augen und vernahm eine Stimme: „Steh auf und iss! Sonst ist der Weg zu weit für dich."
Er schaute sich um. Keine Gestalt, aber wieder diese Fußspuren im Sand in Richtung Süden. Wieder fand er Wasser und Brot in seiner Reichweite. Er nahm und aß und trank. Es wurde Brot und Wasser zum Leben. Er konnte wieder aufstehen. Er spürte neue Kraft in sich. Er konnte sich wieder auf den Weg machen. Aber wohin? Er betrachtete die Fußspuren im Sand vor ihm. Es schien ihm richtig, ihnen zu folgen. Er wusste nicht, wohin es ihn führen und wie lange es dauern würde. Wichtig war nur, dass er den Ort seiner Verzweiflung verlassen konnte.
Der Weg durch die einsame Wüste war nicht schön, aber notwendig. 40 Tage und 40 Nächte lang stellte er sich seinen Gedanken und Gefühlen, manchmal stolpernd, manchmal hinkend. Aber er spürte, dass er seinem Ziel näher kam. Er fühlte sich Gott nah. Er wollte ihm begegnen. Aus der Ferne kam ihm sein Ziel schon entgegen. Der Gottesberg Horeb stand ihm schon lange vor Augen, noch bevor er ihn erreichte. Innerlich vorbereitet erklomm er den Berg der Gegenwart Gottes. In einer Höhle fand er Schutz und Geborgenheit. Er war froh, diesen ruhigen Ort gefunden zu haben. Hier wollte er einkehren, sich niederlegen und warten.
Die Nacht ist schon fast vorüber, da kitzelt ihn etwas. Es kribbelt auf der Kopfhaut, die Härchen an seinen Armen stellen sich auf. Da ist doch jemand!
„Was machst du hier, Elia?"
Da löst sich ein Knoten in seiner Brust. Tränen strömen über sein Gesicht. Mit dieser Frage bricht sein Elend mit ganzer Kraft über ihm zusammen: „Ich habe geeifert für den Herrn, den Gott

Zebaoth; denn Israel hat deinen Bund verlassen und deine Altäre zerbrochen und deine Propheten mit dem Schwert getötet, und ich bin allein übrig geblieben und sie trachten danach, dass sie mir mein Leben nehmen."
Seine elenden Worte kommen zu ihm von den Höhlenwänden zurück und vermischen sich mit anderen Worten: „Geh heraus aus deiner Höhle! Siehe, der Herr wird vorüberziehen."
Kaum ist das Echo verhallt, stürmt es von außen auf ihn ein, der Boden unter seinen Füßen wird unsicher, verzehrendes Feuer lodert vor seinem Höhleneingang. Doch Gott findet Elia nicht darin. Er hält inne und hört. Hört die Stille nach dem Sturm. Eindringlicher als Wind, Erbeben und Feuer. Das sanfte Sausen lockt ihn aus seiner Höhle. Die Neugier ist stärker als sein Zagen und Zaudern. Er tritt vorsichtig an den Ausgang seiner Höhle.
Er schweigt. Die Wüste schweigt und Gott fragt ihn: „Was hast du hier zu tun, Elia?"
Eine Träne rinnt leise über seine Wange und tropft auf seine Hand. Er betrachtet sie glücklich. Die Trauertränen werden zu Freudentränen. Gott hat ihn heraus gelockt. Sanft erweist er seine Macht. Leise flüstert er ihm Neues ins Ohr.

Text: Psalm 8: Das Ja Gottes zum Menschen

Thema: Der Mensch als geliebtes Gegenüber Gottes

Zielgruppe: Erwachsene

Methode: Andacht

Was ist der Mensch? Das fragt sich einer angesichts der Größe der Welt. Eine Frage, die Menschen bis heute bewegt. Unterschiedliche Antworten werden gegeben, mal mehr, mal weniger positiv: Ein Zufallsprodukt, die Krone der Schöpfung. Ein Schönheitsfehler, das Ebenbild Gottes. Ein Ergebnis der Evolution, ein Wunder.

Der Mensch ist klein angesichts des großen Sternenzeltes, in das der Beter blickt. Dennoch ist er so groß geachtet in Gottes Augen. Das entdeckt der Beter voll Staunen und lässt uns an dieser Erkenntnis teilhaben. Obwohl der Mensch so ein kleines Geschöpf ist, gilt gerade ihm die Zuneigung Gottes. Das Wunder des ‚JAS' Gottes ist und bleibt ein Werk seiner Hände, das ohne unser Zutun vonstatten geht. Der Mensch hat seinen Wert, weil er von Gott gemacht ist. Er ist kein Schönheitsfehler, kein Zufallsprodukt, kein bloßes Ergebnis der Evolution. Gott hat den Menschen in Nähe zu sich geschaffen. Der Mensch ist mit Ehre und mit Herrlichkeit gekrönt. Dies ist ein heiliger Vorgang, etwas besonderes, etwas, das Respekt verlangt, Demut und immer wieder Staunen und Loben.

Text: Psalmen allgemein: Gott gibt Weite

Thema: Gott ist nicht kleinlich in seinen Taten

Zielgruppe: Erwachsene

Methode: Andacht

Der Blick von einem hohen Berggipfel - ein unvergessliches Erlebnis. Unter der Weite des Himmels, im weiten Rundblick weitet sich die eigene Seele, Probleme verlieren an Gewicht.

Der Blick über das Meer - ein tief ergreifendes Erlebnis. Vor der Weite des Ozeans und Himmels ist Aufatmen möglich, frei werden, innerlich weit werden.

Der Blick auf den nächtlichen Sternenhimmel angesichts der unfassbaren Weite des Weltalls - ein erhabener Moment. Der Mensch erkennt seine eigene Begrenzung und dennoch ist er wer in dieser Welt. Nicht aus Zufall steht er da.

Augen- blicke, die einen Blick auf die Größe und Weite Gottes werfen lassen. Gott ist in allem und hat alles geschaffen.

Gott ist nicht kleinlich, nicht knauserig. Er hat den Menschen begabt, einmalig gemacht, er hat seinen Atem, seine Idee in ihn hinein gelegt.

Die Begegnung mit diesem großzügigen Gott reißt aus der eigenen Enge und Kleinlichkeit.

Die Psalmbeter finden wunderbare Worte über die Weite und Großzügigkeit Gottes:

„Du schaffst meinen Schritten weiten Raum." (Psalm 18,37)

„Du hast mich aus der Beengung in die Weite geführt." (Psalm 4,2)

„Du hast uns herausgeführt ins Weite." (Psalm 66,12)

„Er führte mich hinaus ins Weite, er riss mich heraus; denn er hatte Lust zu mir." (Psalm 18,20)

„Du stellst meine Füße auf weiten Raum." (Psalm 31,9)

Wo wir uns selber manchmal mit unseren Vorstellung von uns selber, von anderen Menschen und von Gott begrenzen lassen, will Gott uns klar machen: Mein Denken ist größer, mein Herz ist weiter, meine Meinung von dir ist höher als du denkst.

Gott führt aus der Beengungen in die Weite, Gott gibt weiten Raum, Gott reißt nicht den Boden unter den Füßen weg. Er gibt unseren Füßen Boden, auf dem wir sicher stehen können.

Und siehe! Dieser Boden trägt.

Text: Auszüge aus dem Jesajabuch: Von Gott für immer verstoßen?

Thema: Kampf um Glauben trotz Gegenwind (innen und außen)

Zielgruppe: Erwachsene, Mitarbeitende

Methode: Auszüge aus einem Tagebuch *(Toll, wenn ein entsprechendes Ambiente geschaffen wird, z.B. ein Zelt mit alter Öllampe, jemand verkleidet sich entsprechend und schreibt in sein Tagebuch; denkbar ist auch, dass eine Stimme aus dem Hintergrund den Text spricht und eine weitere Person die Szene pantomimisch darstellt, dazu braucht es viel Ausdruck).*

Schebat (11. Monat, Mitte Februar)

Joschafat ist gestorben. Er war alt und krank. Eine Erlösung für ihn, sagt Vater. Trotzdem: Ich vermisse ihn. Keiner konnte erzählen wie er. Von den alten Bräuchen und Festen. Ich habe sie nie in der Heimat meiner Eltern gefeiert. Nur hier in der Fremde - in diesem Land der Gottlosen - in Babylon. Immer ist Gott bei uns, hat Joschafat gesagt. Er hat uns nicht verlassen, auch, wenn Jerusalem zerstört ist und der Tempel in Schutt und Asche liegt. Gott liegt nicht unter den Steinen begraben. Aber ich habe ihn beobachtet. Manchmal bekam sein Gesicht einen traurigen Ausdruck. Ob er sich so sicher war? In den letzten Nächten konnte ich nicht gut schlafen.

I c h bin mir nicht so sicher. Ich frage mich, ob der Gott der Juden nicht doch unter einem großen Steinhaufen begraben ist und nicht mehr auferstehen kann. Ich frage mich, ob ich mich nicht doch zum Gott der Babylonier bekehren soll. Marduk - der Schutzgott Babylons, der Erschaffer der Welt, wie sie sagen, der die Macht in Händen hält.

Adar (12. Monat, Anfang März)

Letzte Woche haben sich die Ältesten aus unserer jüdischen Gemeinde getroffen. Der Thoralehrer Jesaja sollte sprechen. Viele wollten das hören, weil er ein guter Schriftenausleger ist. Ich selber habe mich dazugesellt. Jesaja ist Joschafat sehr ähnlich und deswegen mag ich ihn. Wenn Jesaja spricht, dann hält die gesamte Gemeinde den Atem an. Denn Jesaja glaubt, dass Gott bald handeln wird: „So spricht der Herr, euer Erlöser, der Heilige Israels: Um euretwillen schicke ich Boten nach Babel und reiße alle Riegel heraus, die Chaldäer werden mit Ketten gefesselt. Ich bin der Herr, euer Heiliger, euer König, Israels Schöpfer.“[1] Auch von Politik spricht er. Dass der Perserkönig Kyros im Vormarsch ist. Dass er ein starker und gerechter König ist, der die Völker in ihrem Land frei leben lässt. Ich habe keine Ahnung von Politik, aber Vater sagt, dass die Babylonier vor diesem König zittern. Hoffentlich tut sich bald etwas. Die Welt steht schon zu lange still.

---

[1] Jesaja 43,14f

Nisan (1. Monat, Anfang April)

Es tut sich gar nichts. Wie soll ich an einen Gott glauben, der nicht handelt? Marduk triumphiert. Gestern hat das Neujahrsfest angefangen, das Fest zur Ehre Marduks. Wir mussten alle dabei sein. Wenn sich jemand weigert, drohen die Babylonier mit Zwangsarbeit. Da rutschen doch lieber alle auf den Knien. Einigen macht es nichts aus, weil sie in Babylon zu Reichtum gekommen sind. Sie haben sich auf einen Handel mit dieser Stadt eingelassen. Nun wohnen sie in den Villen der Altstadt. Dort müssen wir entlanggehen. Dort lachen uns unsere eigenen Leute aus, weil wir an den alten Traditionen festhalten. Die Prozessionsstraße ist nur etwa einen Kilometer lang, aber der Weg kam mir vor wie eine Reise ans Ende der Welt. Die Straße ist von Tempeln und Götterstatuen gesäumt. Aus den Mauern schallt mir das Gebrüll von in Stein gehauenen Löwen entgegen. Auf der Straße wogende Menschenmassen, schreiende Münder direkt an meinem Ohr: „Marduk ist König allein!“ Ich hätte schreien können bis alle still sind. Dann wäre ein Blitz vom Himmel gefahren und alle wären erstarrt. Alle hätten ihn gesehen - den Gott Israels. Sie wären auf die Knie gefallen. Sie hätten um Erbarmen gefleht. Die Statuen der Götter wären gefallen und Gott selber hätte sich auf den Thron gesetzt. Wir hätten getanzt und gejubelt. Aber wir haben geschwiegen: Vater, Mutter, der Ältestenrat - und Jesaja!! Am liebsten hätte ich ihn geschüttelt: Wo ist dein Gott? Wo ist dein Perserkönig? Du hast doch sonst immer alle Antworten. Sieh sie dir doch an, die Babylonier! Sie haben die Macht. Marduk hat die Macht. Ich kann es nicht mehr hören. Das Geschrei gellt in meinen Ohren nach.

Ijjar (2. Monat, Ende April)

Dieses Warten macht mich krank. Ich habe zu gar nichts Lust.

Mutter sagt, dass ich zuviel grüble. Ich ertrage es nicht, wie sie alles hinnimmt. Ich ertrage es nicht, wenn sie sagt: Das ist die Strafe, die wir tragen müssen, bis die Schuld getilgt ist. „Unsere Väter haben gesündigt; sie sind nicht mehr. Wir müssen ihre Sünden tragen.“[2] Die Erkenntnis traf mich wie ein Keulenhieb: Gott will uns gar nicht helfen. Er hat uns verlassen, weil wir es nicht wert sind.

Ijjar (2. Monat, Mitte Mai)

Jesaja hat mich besucht. Zuerst war ich etwas schüchtern. Schließlich ist er ein weiser Lehrer. Aber als er fragte, warum ich in letzter Zeit so schweigsam bin, sind die Fragen und Zweifel nur so aus mir herausgesprudelt: Was kann ich dafür, dass meine Vorfahren nicht auf Gott gehört haben? Was kann ich dafür, dass sie anderen Göttern hinterhergelaufen sind? Warum muss ich dafür büßen? Während ich erzählte, nickte er immer wieder. Da hatte ich den Mut, das auszusprechen, was mich so sehr belastet: Ich kann nicht glauben, dass es unseren Gott noch gibt!

---

[2] Klagelieder 5,7

Eine ganze Weile hat Jesaja gar nichts gesagt. Ich wollte mich schon entschuldigen, da sagte er: „Jetzt aber - so spricht der Herr, der dich geschaffen hat, Jakob, der dich geformt hat, Israel: Fürchte dich nicht, denn ich habe dich ausgelöst, ich habe dich beim Namen gerufen, du gehörst mir...Weil du in meinen Augen teuer und wertvoll bist und weil ich dich liebe gebe ich für dich ganze Länder und für dein Leben ganze Völker."[3] Ich starrte ihn an. Was war das für eine Antwort? Ich habe sie nicht verstanden.

Siwan (3. Monat, Anfang Juni)
Immerzu denke ich über Jesajas Worte nach. Sie hören sich an wie aus einem Märchen, in dem am Ende alles gut wird. Aber ich bin kein kleines Kind mehr. Trotzdem lassen sie mich nicht los. Ich habe sie aufgeschrieben und lese sie immer wieder. Sie setzen ganz neue Gedanken bei mir in Gang: Wenn Gott uns liebt, dann lässt er uns nicht hier in der Fremde allein. Doch die Frage bleibt offen: Stimmt das, was Jesaja sagt oder ist es das Hirngespinst eines frommen Lehrers, der nichts anderes hat, an dem er sich festhalten kann? Ich weiß es immer noch nicht. Ich musste an Joschafat denken und an das, was er immer gesagt hat, wenn ich meine Rechenaufgaben nicht geschafft habe: „Jeder Tag birgt neue Fragen, Mädchen, und es kommt darauf an, ob du um die Antwort kämpfst oder aufgibst. Einmal kommt eine Zeit, in der alle Fragen eine Antwort finden. Bis dahin musst du weiterkämpfen und vertrauen."
Joschafat - er hatte die Hoffnung, dass er nach Jerusalem zurückkehren wird. Er hat bis zum letzten Atemzug gekämpft. Aber er ist gestorben. Nun spreche ich für ihn den traditionellen Gruß, der mich und mein Volk hoffen lässt, dass wir einmal zurückkehren werden: Nächstes Jahr in Jerusalem.

[3] Jesaja 43,1 u. 4

Text: Jesaja 26,1-6: Leben im „Noch nicht!"

Thema: Spannungen im Glauben aushalten, Warten

Zielgruppe: Erwachsene

Methode: Andacht

„Noch nicht!" Wie oft sagen wir täglich diese beiden kleinen Worte?

Noch nicht! Das kann Frust auslösen oder auch Vorfreude.

Frust, wenn nicht in Aussicht gestellt wird, dass etwas bald eintritt, besser wird, sich ändert oder auch aufhört.

Vorfreude, wenn ich ahne, glaube, weiß, dass ein „Noch nicht!" auf ein „Aber bald!" hinweist.

Wenn in dem „Noch nicht!" ein „Nicht mehr lange. Ganz bestimmt!" mitschwingt.

Gott weiß, wie sehr seine Menschen eine Aussicht brauchen über das „Noch nicht!" hinaus. Seinem Volk wird zugesprochen: Noch nicht jetzt, aber bald, wir es wieder eine feste Stadt für euch geben: Heimat, Schutz, Dazugehörigkeit.

Noch nicht jetzt, aber nicht mehr lange, wirst du vor offenen Türen stehen, dich willkommen fühlen, eingeladen sein.

Noch nicht jetzt, aber ganz bestimmt, wirst du Ruhe und Frieden finden.

Was für eine Wohltat wird da in Aussicht gestellt, die Grund zur Vorfreude gibt und im Hier und Jetzt meine Einstellung schon ändern kann, trotz des gegenwärtigen „Noch nicht!" Ich kann mich freuen auf eine Zeit ohne Gezänk, Hektik, Stress, Unsicherheit.

Der Fels steht im „Schon jetzt!" Unerschütterlich, fest, sicher. Auf Gott ist Verlass. Nicht erst im „Aber bald!" Mitten drin in den vielen täglichen „Noch nicht!"

Die Unvollkommenheit des „Noch nicht!" spüren wir fast jeden Tag. Unerfüllte Wünsche, nicht geheilte Krankheiten, trügerische Träume, beendete Beziehungen, einen noch nicht ganz festen Glauben.

Vom wunderbaren Lied des Jesaja scheinen wir meilenweit entfernt zu sein. Doch vor einigen Jahren haben ein paar Engel ein neues Lied angestimmt: Ehre sei Gott in der Höhe und Friede auf Erden und den Menschen ein Wohlgefallen.

Schon jetzt kommt einer zu uns, der dem „Noch nicht!" die Stirn bietet. Schon jetzt begleitet uns der kindgewordene Gott durch unerfüllte Wünsche, nicht geheilte Krankheiten, trügerische Träume, beendete Beziehungen und einen noch nicht ganz festen Glauben hindurch in ein verheißungsvolles „Aber bald! Ganz bestimmt!" Zu der Zeit wird man ein Lied singen…

Text: Jesaja 42,1-4: Jemand tritt für uns ein
Thema: Der Knecht Gottes ist still für die Menschen da
Zielgruppe: Jugendliche und (junge) Erwachsene
Methode: Andacht

„Reden ist Silber – schreien ist Gold!“ Das Motto einer genial formulierten Kampagne gegen das Unrecht.
Schreien gegen das Unrecht. Nicht schweigen angesichts Gewalt, Habgier und Ausbeutung. Nicht einfach nur palavernd auf Diplomatie setzen, faule Kompromisse schließen, auf dem Rücken der Betroffenen an Plänen feilen, die den Machthabern Recht sind.
„Ich könnte schreien!“ sagen wir, wenn wir hilflos und verzweifelt beobachten, wenn Unrecht geschieht.
Wie gut tut es, wenn jemand mit uns schreit oder sogar für uns schreit.
„Er wird nicht schreien noch rufen, und seine Stimme wird man nicht hören auf den Gassen.“
Was für eine zum Himmel schreiende Ungerechtigkeit. Was für eine unaussprechliche Blamage. Der, der schreien sollte, schweigt. Der für das Recht eintreten sollte, bleibt im Hintergrund. Der Gottesknecht bleibt stumm. Der Mensch gewordene Aufschrei Gottes hält den Mund.
Wirklich? Oder schreit sein Schweigen nicht viel mehr zum Himmel? Denn nicht nur was er sagt verändert die Welt, sondern das, was er tut. Oder auch nicht tut.
Nicht schlägt er drauf, wo jemand schon am Boden liegt.
Nicht haucht er Leben aus, wo einer keinen Atem mehr hat.
Er missbraucht nicht seine Macht. Er verbündet sich nicht mit den vermeintlich Starken.
Er geht behutsam vor, wenn einer nicht mehr kann.
Er verlangt nicht tyrannisch Unmögliches, wenn einer mit seiner Weisheit und Kraft, Vitalität und Motivation am Ende ist.
Er ist gekommen, nicht um zu reden, sondern still zu schreien durch das was er tut. Helfen, heilen und das Licht bringen. Keiner, der zum scheinbar Unbrauchbaren sagt: Dich kannste knicken!
Keiner, der zum Ausgebrannten sagt: Zisch ab!
Einer, der nicht nur redet und auf Diplomatie setzt.
Einer, der für uns stumm zum Himmel schreit zu einem Gott, der keine tauben Ohren hat.

Text: Jesaja 43,18+19: Wasser in der Einöde
Thema: Neues erleben, trotz Frust
Zielgruppe: (Junge) Erwachsene
Methode: Hineinversetzen in die Zeit des Volkes Israel kurz vor Ende des Exils mit Hilfe eines Bodenbildes, das Babylon, den Weg durch die Wüste und Jerusalem darstellt

Wir schreiben das Jahr 539 v. Chr. Schon fast 50 Jahre sitzt das Volk Israel an den Wassern von Babylon und weint. Es weint über die vergeudeten Jahre. Es weint über selbstverschuldete Abhängigkeiten. Es weint über Unfreiheit in einem fremden Land. Es weint über seine Schuld gegenüber ihrem Gott. Sie haben ihn verlassen und Gott hat es zugelassen. Sie sind ihre eigenen Wege gegangen und Gott hatte sie gehen lassen. Nun war er fort. So glaubten sie. Resignation hatte sich breit gemacht. Nur manchmal, wenn einer des Nachts aufwachte und sich ruhelos von der einen Seite auf die andere wälzte, nagte eine altbekannte Sehnsucht am Herzen. Sehnsucht nach der eigentlichen Bestimmung, danach, endlich wieder heimzukehren nach Jerusalem, in die Heimat, an den Ort, an den sie gehörten, an den Ort ihrer Bestimmung, in der Nähe Gottes. Doch tagsüber im Alltag fanden sie sich mit der Situation ab. Sie versuchten, das Beste draus zu machen. Sie richteten sich in ihrem Leben in Babylon ein, nicht überaus glücklich, aber immerhin: Sie lebten. Und sie lebten nicht unbedingt schlecht. Manche waren sogar zu Reichtum gekommen. Meistens lebten sie unbehelligt, in Ruhe vor den Babyloniern. Aber es nagte schon an ihnen, das Wissen: Wir gehören hier nicht her. Das ist eigentlich nicht unser Leben. Im Grunde genommen sind wir der Willkür dieses fremden Volkes ausgeliefert. Und wir sind ganz allein.
Heute finden sie sich alle wie immer am Tag der Volksklagefeier zusammen. Sie beklagen ihre Not und jammern in ihrer hoffnungslosen Situation. Sie erinnern sich an die alten Geschichten von Gott, die sie nur noch vom Hörensagen kennen. Wie Gott das Volk aus Ägypten geführt hat, wie er sie durch das Schilfmeer und die Wüste hinein ins gelobte Land geführt hat, in das Land ihrer Bestimmung. Aber Hoffnung kommt nicht auf. Ein Aufbrechen entsteht nicht. Dafür sind sie zu mutlos. Dafür fühlen sie sich zu sehr von Gott verlassen. Dafür haben sie zu sehr den Eindruck, dass sie schuldig geworden sind und es nicht mehr verdient haben, von Gott beachtet zu werden.
Mein Herz gerät in Unruhe: Was ist mein Babylon? Was hält mich beim Alten fest, auch, wenn ich nicht zufrieden bin? Habe ich mich auch eingerichtet in einem Leben, in dem ich manches gerne anders hätte? Ich komme ins Grübeln. Wie die Israeliten.
Da steht einer auf. Es ist Jesaja. Schon öfter hatte er tröstende Worte für sie gefunden. Schon öfter hat er sie wach gerüttelt mit seiner Prophetie. Schon öfter hat er sie ins Nachdenken gebracht und Mut gemacht, dass Gott vielleicht doch… Aber bisher war noch nichts geschehen.

„Gedenkt nicht an das Frühere und achtet nicht auf das Vorige! Denn siehe, ich will ein Neues schaffen, jetzt wächst es auf, erkennt ihr's denn nicht? Ich mache einen Weg in der Wüste und Wasserströme in der Einöde."

Kann es möglich sein, dass Eingefahrenes aus der Spur gerät und in neue, nie gedachte Bahnen gerät? Sollte Gott wirklich neu anfangen wollen mit dem Volk, das so lang schon orientierungslos ist? Gibt es Wege in Gebieten, die zunächst nicht besonders einladend, aber auf Dauer viel versprechend sind? Auch für mich?

Es hört sich anstrengend an. Zugeständnisse müssen gemacht werden, schlimmer noch, Geständnisse. Schuldbekenntnisse. Das können wüste(N) Geschichten sein. Doch immer ist irgendwo, unverhofft, unverdient, unerwartet ein Wasserstrom. Ein Zeichen am Wegesrand: Gott hat uns nicht vergessen. Gott gibt Leben. Gott gibt Wachsen. Gott gibt genug. Auch für mich!

Text: Auszüge aus dem Jeremiabuch: Auseinandersetzung mit Gott

Thema: Konflikte und Glaubenskrisen

Zielgruppe: (Junge) Erwachsene, Mitarbeitende

Methode: Monologisches Anspiel *(Jeremia mit einer Schriftrolle, erfordert schauspielerisches Talent. Ist auch denkbar, dass eine Person spielt und die andere liest.)*

Fürchte dich nicht vor ihnen, denn ich bin mit dir, um dich zu retten. So hat er zu mir gesprochen an jenem Tag. Er hat keine Widerrede geduldet. Ich konnte nicht vor ihm fliehen. Ich war doch noch so jung. Ich hatte noch nicht gelernt, wie ich mich gewählt ausdrücke. Das habe ich Gott gesagt, aber er hat es nicht akzeptiert.

Wohin ich dich auch sende, dahin sollst du gehen, und was ich dir auftrage, das sollst du verkünden. Ha, und was ich da verkünden sollte. Da sprach ich doch das Urteil über mich selber. Ich hatte keine guten Worte für mein Volk. Ausreißen sollte ich und niederreißen, vernichten und zerstören. Mein Volk! Gott, dein Volk! Wie verkommen es war. Mörder und Halunken, Trunkenbolde, Betrüger, Heuchler und Lügner. Vorne rum priesen sie dich und hielten fromme Reden, hintenrum warst du ihnen völlig egal. Du ließest mich ihr Treiben durchschauen. Aber ich – vieles verstand ich noch nicht. Ich war wie ein unschuldiges Lamm. Hinter meinem Rücken trachteten sie mir nach dem Leben. Nicht nur das Volk, nicht nur die fremden Leute, nein, sogar meine nächsten Verwandten. Meine Brüder, sie wollten mich vernichten, so dass nichts mehr von mir übrig bliebe, nicht einmal mein Name. Als hätte ich nicht existiert. Sie drohten mir. Ich dürfe nicht mehr als Prophet auftreten. Ich dürfe nicht mehr das Urteil Gottes über sie sprechen. Und wenn ich es doch täte, dann würden sie mich eigenhändig umbringen. Sie haben mich angeschrieen, sie verachteten mich. Sie schlossen mich aus der Familie aus. Oh, Gott, warum hatten sie Erfolg?

Gott, du bist gerecht, du kennst den Weg und doch musste ich mit dir streiten. Ich halte doch Recht, ich hatte doch dein Wort. Trotzdem hatten meine Feinde Erfolg. Sie standen gut da und ich als ein Nichts. Ich habe es nicht verstanden, aber ich wollte dir dennoch vertrauen. Denn du kennst mich und du durchschaust mich. Du hast mein Herz erprobt und gesehen: Es hängt an dir. Wie oft habe ich mit dir gerungen? Wie oft geklagt? Verflucht habe ich den Tag meiner Geburt. Wäre ich doch im Bauch meiner Mutter gestorben. Warum hast du mich gemacht? Nur, damit ich Kummer erlebe? Nur, damit ich in Schande sterben soll? Du bleibst meine einzige Hoffnung. Heile mich, Herr, so werde ich heil; hilf mir, so ist mir geholfen; ja, mein Lobpreis bist du. Wie oft konnte ich nur noch diese Sätze beten? Und du hast dein Versprechen gehalten. Du bliebst bei mir, um mir zu helfen und mich zu retten. Ja, meine Feinde haben mich bekämpft. Mit jedem lag ich im Streit und Zank, denn das, was ich ihnen von dir zu sagen hatte, wollten sie nicht hören. Ihre versoffene Ruhe wurde gestört, ihr heuchlerischer Gottesdienst in Frage gestellt. Sie haben die Kritik nicht ertragen, die

hohen Kirchenmänner. Sie konnten nicht glauben, dass nur noch das Exil und die Gefangenschaft auf sie warteten. Sie wollten nicht akzeptieren, dass es mit ihnen zu Ende war. Sie fluchten mir alle, weil ich ihre vermeintliche fromme Ruhe störte. Mein ganzes Leben, Herr, sollte ein Zeichen sein. Einsam sollte ich sein, ohne Frau und Kinder. Denn auch Israel sollte einsam sein. Zu Niemandem sollte ich einkehren, kein Fest feiern, keine Gemeinschaft haben, denn auch in Israel sollte es keine echte Gemeinschaft mehr geben. Trauer würde sich über das Land legen.
Gott, wie schwer war mein Auftrag. So oft ich mich ihm entziehen wollte, du ließest es nicht zu. Du hast mich betört, ich konnte nicht weg von dir. Du hast mich gepackt mit deiner Macht und mich überwältigt. Zum Gespött bin ich geworden den ganzen Tag. Jeder hat mich verhöhnt. Ich wollte nichts mehr von dir weiter sagen, ich wollte meinen Mund verschließen. Aber du hast es nicht zugelassen. Mir war, als brenne ein Feuer in mir, eingeschlossen in meinem Inneren. Ich wollte es ignorieren. Ich wollte es aushalten, dir standhalten. Denn immer hatte ich die Stimme meiner Nachbarn im Ohr: Schaut ihn euch an. Er verbreitet nur Lüge und Grauen. Kommt, wir zeigen ihn an. Vielleicht können wir ihn überwältigen. Wir wollen uns an ihm rächen.
Gott, du wusstest es doch wie ich einmal begierig dein Wort in mich aufgenommen hatte. Dein Wort war mir Glück und Herzensfreude, denn du hattest mich erwählt. Aber es war so schwer, es war eine Last, dein Wort mit allen Konsequenzen auszurufen. Es hat mich isoliert. Ich konnte nicht mehr mit den anderen in ausgelassener Runde sitzen. Ich konnte nicht mehr mit meiner Familie fröhlich sein. Du hattest mich mit Zorn gegen all das bunte Treiben erfüllt. Ich entdeckte, dass alles nichtig war. Dass es nur um die kurzweilige Befriedigung ging. Deine Gesetze gingen in Wein und Bier unter. Warum dauerte mein Leiden so lange? Ich kam an die Grenzen meiner Kräfte. Du, der mir einmal Heil und Kraft gewesen warst, du wurdest mir zum versiegenden Bach. Ich konnte mich nicht mehr auf dich verlassen. Ich wandte mich von dir ab, ich konnte dich nicht mehr ertragen. Du wurdest mir zur unerträglichen Last. Schweigen war um mich her.
Aber da konnte ich deine Stimme hören, Gott: Wenn du umkehrst, lasse ich dich umkehren. Dann darfst du wieder vor mir stehen. Mögen sie dich bekämpfen, sie werden dich nicht bezwingen; denn ich bin mir dir, um dir zu helfen und dich zu retten. Ja, ich rette dich aus der Hand des Bösen, ich befreie dich aus der Faust der Tyrannen. Ich habe dich je und je geliebt, darum habe ich dich zu mir gezogen aus lauter Güte.
Mein Weg blieb schwer bis zum Ende. Aber am Ende wusste ich mich getragen und gehalten von dir, einem Gott, der nimmt und gibt.

Text: Jeremia 16,1-13: Gott lässt sich wieder finden

Thema: Gottes Zorn und Liebe angesichts seines Volkes

Zielgruppe: (Junge) Erwachsene, MitarbeiterInnen

Methode: Andacht

Es reicht. Das Maß ist voll. Schon zu oft hatte Gott sein Volk gerufen, das Gespräch gesucht, an der Beziehung gearbeitet, Treuebrüche vergeben, Neuanfänge gewagt.
Gott ist enttäuscht und er ist wütend. Er hatte alles investiert: seine Liebe, seine Güte, sein Erbarmen. All das wird vom Volk ignoriert. Sie setzen ihr Vertrauen in Hokuspokus, Esoterik und Aberglauben. Aber Gott steht nicht gerne auf dem Abstellgleis. Er lässt sich nicht gerne etwas vormachen. Nach außen hin ist das Volk gottesgläubig. Um fromme Worte ist es nicht verlegen. Aber ihr Herz ist nicht dabei. Da sinnt es nur nach der Befriedigung eigener Triebe, Süchte und Wünsche.
Bitte, so Gott, das sollen sie haben. Was sie sich selber ausgesucht haben, das bekommen sie nun auch. Gott schleudert sie hinaus aus dem Land, aus der Gemeinschaft, aus seiner Gnade. Sollen sie dort glücklich werden mit dem, nach dem ihr Herz so giert.
Der Rausschmiss ist beschlossene Sache. Das Ende der Beziehung wird Einsamkeit sein, die Zerstörung menschlicher Gemeinschaft. Die Götter, die sie riefen, werden sie nicht so schnell wieder los.
Gott ist hart. Das muss ernst genommen werden. Gott will ernst genommen werden. So wie Gott sein Volk ernst nimmt, ihm etwas zutraut, zur Verantwortung zieht, Kontakt auf Augenhöhe will. Das Volk muss einen Gott aushalten, der nicht lieb ist, der nicht einfach so alles hinnimmt, der seine Freundschaft aufkündigt, bei dem das Maß auch mal voll ist.
Meint es Gott nun gut oder nicht?
Gott ist klar und deutlich. Gott kämpft um seine Menschen. Mit dieser Wut wird deutlich, wie sehr Gott verletzt ist, wie wichtig wir ihm sind, er keine gleichgültige Miene vortäuscht. Seine Liebe ist enttäuscht.
Seine Liebe will Umkehr und Gemeinschaft mit den Menschen. Seine Arme sind offen für alle die ihn suchen, für alle, die ihn ernsthaft suchen.

Text: Evangelien allgemein: Berufen trotz Versagen

Thema: Nachfolge

Zielgruppe: Mitarbeitende

Methode: Steckbrief

Simon. Ein Fischer. Verheiratet. Vermutlich erwachsene Kinder, oder keine. Eine kranke Schwiegermutter im Haus.

Er begegnet Jesus am See Genezareth. Auf sein Wort hin fährt er nach einem erfolglosen Tag erneut auf den See. Er kommt mit vollen Netzen zurück.

Petrus. Ein Menschenfischer. Drei Jahre ist er mit Jesus unterwegs. Er lernt viel. Und doch hat er noch lange nicht ausgelernt.

Simon Petrus. Der Fischer. Er ist immer an der Seite von Jesus. Er hat die große Erleuchtung: „Du bist der Christus."

Er soll der Fels sein, auf dem Jesus seine Gemeinde baut. Temperamentvoll und begeisterungsfähig. Der Führer unter den Jüngern. Er spricht oft für die ganze Gruppe. Er ist einer der engsten Freunde von Jesus. Er hat geblickt, worum es geht. Im entscheidenden Moment ist er blind vor Angst.

Simon Petrus. Der Fischer. Überzeugt von sich. Er fühlt sich stark. Dennoch sinkt ihm in den Fluten des Meeres der Mut. Er möchte so vieles, aber er schafft es nicht. Er hat nicht die Kraft, das Angefangene zu Ende zu bringen. Ihm fehlt der Mut. Ihm fehlt die Energie. Er nimmt den Mund zu voll.

Simon Petrus. Der Fischer. Der in der Stunde des Bekenntnisses seinen Freund dreimal verleugnet. Der sein Versprechen nicht hält. Der zu seinem Freund in der Stunde der Not nicht steht.

Petrus. Der Fischer. Ein Versager.

Petrus - der Fels- nach wie vor. Dem der Auferstandene begegnet. Dem der Christus einen neuen Auftrag gibt. Dem Jesus die Hand reicht, so wie damals auf dem wilden See. Er wird Leiter der ersten Gemeinde in Jerusalem. Er kommt etliche Male ins Gefängnis. Er ist der erste Apostel, der die Botschaft von Jesus zu den Ungläubigen bringt.

Sein ganz persönliches Ostern: Zu wissen, dass das eigene Versagen nicht schwerer wiegt als das Wort des auferstandenen Christus.

In diesem Sinne: Ein schwerwiegendes Ostern.

Text: Matthäus 1,19: Maria und Josef – Das Ende einer Liebesgeschichte?
Thema: Verständnis, Rücksichtnahme, Liebe
Zielgruppe: Jugendliche, Erwachsene, Mitarbeitende
Methode: Andacht

Schock, Unglaube, Wut, Enttäuschung, Trauer! Der klassische Ablauf, wenn ein Mensch sich von einer geliebten Person betrogen weiß. Die Gefühlsausbrüche sind vielfältig. Ebenso die daraus resultierenden Handlungen. Der Betrogene wütet und tobt, weint und greint, hasst und hadert. „Das zahle ich dir heim!“ steht oft am Ende der Szenerie.

„Josef beschloss, sich in aller Stille von ihr zu trennen.“ Nimmt Josef so emotionslos die Nachricht auf, dass Maria schwanger ist? Und das nicht von ihm selber! Was ist mit ihm los? Was ist das für ein Mann? Was denkt er, was fühlt er? Denkt und fühlt er überhaupt etwas?

Wir bekommen nur zwei Antworten, beide auf den ersten Blick nicht sonderlich romantisch und liebesdramatisch. Die erste Antwort: Josef ist gerecht! Sein gutes Recht als guter Jude wäre, Maria an den Pranger zu stellen, sie öffentlich zu demütigen. Er könnte sich vor sie hinstellen, sie schmähen und beschuldigen, damit seine eigene Seele Frieden und sein gebrochenes Herz Heilung fände. Eine durchaus menschliche Reaktion: Der Glaube, Genugtuung durch Vergeltung erhalten zu können, innerlich reich zu werden, wenn man es mit gleicher Münze heimzahlt. Josef tut es nicht. Vielleicht weiß er, dass so etwas nur kurzfristig befriedigt und einen bitteren Nachgeschmack hinterlässt. Vielleicht ist die Zuneigung zu dieser jungen Frau größer als der verletzte Stolz.

Das ist die zweite Antwort: Seine Liebe ist größer als sein Hass. Er kann Maria nichts Böses antun. Darum regelt er alles ohne große Öffentlichkeit. Dieser Edelmut ist übermenschlich. Das ist kaum zu schaffen. Wer kann so eine Demütigung schlucken? Zumindest der Schein muss doch gewahrt werden, der Name rein gewaschen, die Schuld von sich gewiesen, die Verantwortung auch. Josef ist der Schein gleichgültig, wie er dasteht ist ihm nicht wichtig, ob er im Recht ist interessiert ihn nicht. Josefs Edelmut ist nicht übermenschlich. Er ist göttlich. Josef ist ein Mann, der in der Spur Gottes geht. Spuren der Barmherzigkeit und Menschlichkeit. Er pocht nicht auf sein Recht, ohne Rücksicht auf Verluste, nur, um sein verletztes Ego zu kitten.

Gott will nicht Hass und üble Nachrede. Er will Liebe und Vergebung. Auch und ganz besonders in unseren menschlichen Beziehungen.

Text: Matthäus 6,33: Routiniert Christ sein

Thema: Die Gefahr der Routine im Glauben

Zielgruppe: Mitarbeitende

Methode: Andacht

Ahnungslos sitze ich im Gottesdienst. Nicht unbedingt gelangweilt. Aber routiniert. Ich erwarte nichts Neues.

Ehr sei dem Vater und dem Sohn, dreimal Christe du Lamm Gottes, Halleluja und dann auch noch die Predigt. Alles schon mal gelernt, alles schon mal gehört, alles schon klar. Denkste!

Der Pfarrer beginnt mit diesem einen Vers. Dieser Vers, der mich seit Jahren verfolgt und immer wieder findet, wie ein Kriminalkommissar sich immer wieder an die Fersen des Schuftes heftet. Tatsächlich fühle ich mich ertappt, ich Schuft! Ich habe mich mal wieder klammheimlich aus der Verantwortung geschlichen und habe mein eigenes Ding gedreht. Reich Gottes und seine Gerechtigkeit sind nicht meine auserkorenen Ziele im Leben. Das hatte ich irgendwie vergessen. Gott hat das auch gemerkt, sonst hätte er mich nicht mal wieder nach bester Kommissarmanier aufgespürt. Und das nach Jahren biblisch-theologischer Bildung. Ich sollte es doch gelernt haben. Das nach einigen aktiven Jahren in der Gemeindearbeit. Ich sollte es doch erlebt haben. Nach mehreren Jahren Christsein. Ich sollte es doch eigentlich besser wissen. Tu ich aber nicht. Dumm wie eh und je sitze ich in diesem Gottesdienst, höre dem Pfarrer mit neu erwecktem Interesse zu und kann es nicht fassen. Wie kann es nur immer wieder geschehen, dass ich mich so einlullen lasse? Wieso verfalle ich immer wieder in diesen Tran? Da ist er mal wieder: Mein Frust in der Kirchenbank. Und da ist sie mal wieder: Die Stimme, die sich ihren Weg in meinen Herzgehörgang schafft: Vergiss deine Sorgen! Konzentriere dich auf mich. Lass mich ran und trau mir was zu. Lass dich korrigieren und hör mir zu.

Was ich da höre ist nicht die Verlesung meines Strafregisters und das Recht zu schweigen. Was ich höre sind Worte der Befreiung, die mich erleichtern und neu ausrichten: Auf Gottes Reich und seine Gerechtigkeit. Auf den Vater, der barmherzig ist und alle gleich behandelt. Auf meine Aufgabe, an etwas Sinnvollem mitzuarbeiten.

Halleluja, Ehre sei Gott in der Höhe. Ich bin wieder froh. Ich weiß, es werden Zeiten kommen, in denen bin ich wieder routiniert, gelangweilt und gefrustet. Ich kenne mich. Das muss man realistisch sehen. Aber ich weiß auch, der Oberkommissar wird mich in seiner unendlichen Geduld und Weisheit wieder mit seinem unnachahmlichen Riecher aufspüren und zurückholen.

Text: Matthäus 7,24-28: Ein Fundament haben
Thema: Glaube ist ein fester Untergrund
Zielgruppe: Jugendliche, Erwachsene, Mitarbeitende
Methode: Dialog

Leser (L): Wer diese meine Worte hört und danach handelt…
Unterbrecher (U): Moment, Moment. Wie meinst du das? Danach handeln. Ich meine, du hast uns hier zwei Stunden eine ganze Menge schwerer Sachen gesagt. Die sind ja alle gut und richtig, sie leuchten mir ein und ich finde sie echt ideal. Ich habe dir gern zugehört und stimme dir zu: Sicher ist es besser, Hass nicht mir Hass zu beantworten, echt und ehrlich zu sein und kein Heuchler, sich nicht zu viele Sorgen um die Zukunft zu machen, weil es eh nichts ändert. Aber mal ehrlich: Wenn mir einer einen reinwürgt, immer und immer wieder, dann reicht es einfach irgendwann. Ich lass mich doch nicht zum Fußabtreter machen. Dann würde ich… dann würde ich… ja was? Was würdest du wohl tun, Jesus? Du hast die andere Wange hingehalten bis zuletzt. Aber du hast auch Unrecht beim Namen genannt. Ist es das? Wenn es um mich und meine Animositäten geht, dann willst du, dass ich mich besinne und zurückhalte, aber wenn es um echtes Unrecht geht, dann darf ich schon den Mund aufmachen und mich wehren? Beides ist schwer: Sich zurückhalten, aber auch den Mut haben, sich zu wehren. Ja, die Pforte ist eng, aber deine Absicht dahinter, Jesus, ist gut.
L: … und danach handelt, ist wie ein kluger Mann, der sein Haus auf Fels baute.
U: Aha! Ja, das leuchtet mir ein. Ein gutes und starkes Fundament ist das wichtigste beim Hausbau. Wenn das nicht stimmt, kann die Fassade noch so schön sein. So meinst du das also mit dem, was du uns die letzten zwei Stunden erzählt hast, ja? Es geht gar nicht so sehr um ein schönes Haus, das möglichst viel her macht, attraktiv ist und bestaunt wird. Sondern was drunter ist, das worauf es steht, das ist ausschlaggebend für die Tragfähigkeit und Haltbarkeit. Verstehe!
L: Als nun ein Wolkenbruch kam und die Wassermassen heranfluteten…
U: Schreck lass nach. Das ist ja ein Alptraum. Wenn einem das Wasser bis zum Hals steht und der Halt unter den Füßen verloren geht und nichts zu halten ist, was man so gerne festhalten möchte…
L: … als die Stürme tobten und an dem Haus rüttelten…
U: Ja, das kenne ich, wenn der Wind draußen so heult, das einem im Haus drinnen Angst und Bange wird, ob alles heile bleibt und das Dach auch da bleibt, wo es sein soll. Mir geht so einiges durch den Kopf, was mir im wahrsten Sinne des Wortes den Wind um die Ohren gepfiffen, den Wind aus den Segeln genommen und Gegenwind gegeben hat.
L: … da stürzte es nicht ein; denn es war auf Fels gebaut.
U: Wow! So genau habe ich mir das noch gar nicht überlegt. Wenn ein Haus so feststeht, wenn mein Lebenshaus so fest steht, weil ich mich an deinen Worten, ja, an dir selber orientiere und auf

dich baue, dann können aufkommende Lebensstürme, Krisenwolkenbrüche und Angstwassermassen mir nicht so schnell was anhaben, weil ich weiß, woran und an wen ich glaube.

L: Wer aber meine Worte hört und nicht danach handelt…

U: Na, jetzt bin ich ja mal gespannt, was passiert dann?

L: … ist wie ein unvernünftiger Mann, der sein Haus auf Sand baute.

U: Wer ist schon so blöd und baut sein Haus auf Sand? Nur einer, der nicht genau nachdenkt, bei dem alles schnell, schnell gehen muss, dem die Fassade wichtiger ist, als das, was unten drunter steckt. Einer, bei dem es möglichst einfach und glatt gehen soll. Aber wenn es zu glatt ist, dann kann man auch schnell wegrutschen.

L: Als nun ein Wolkenbruch kam und die Wassermassen heranfluteten, als die Stürme tobten und an dem Haus rüttelten, da stürzte es ein und wurde völlig zerstört.

U: Der arme Kerl. Das hat er wohl nicht bedacht, dass das Leben nicht immer eitel Sonnenschein ist. Es weht halt nicht immer nur eine laue Brise. Im Leben geht es auch mal stürmisch zu. Da kann ich ein Lied von singen. Ein fester Unterbau kann da helfen. Warum hat der Mann da bloß nicht dran gedacht?

L: Als Jesus diese Rede beendet hatte, war die Menge sehr betroffen von seiner Lehre…

U: Ich irgendwie auch.

L: … denn er lehrte sie wie einer der göttliche Vollmacht hat, und nicht wie ihre Schriftgelehrten.

U: Und das macht ihn ja so glaubwürdig. Dass er wirklich zu dem steht, was er sagt, mehr noch, dass er selber tut was er sagt, ja sogar noch mehr: Dass er ist, was er sagt. Also, nicht nur auf seine Worte kann ich bauen, sondern auf ihn selber. Und das zerrinnt nicht wie Sand zwischen meinen Fingern, sondern ist felsenfest sicher.

Text: Matthäus 8,14+15: Der Schwiegertiger des Petrus

Thema: Jesus mit neuen Augen sehen

Zielgruppe: Erwachsene

Methode: Erzählung

„Jesus kam in das Haus des Petrus und sah, dass dessen Schwiegermutter zu Bett lag und hatte das Fieber."

Die Schwiegermutter von Petrus. Eine Skeptikerin vor dem Herrn. Kein Wunder. Dieser Jesus hatte ihr den vielleicht einzigen Mann im Hause weggenommen, ihren Schwiegersohn. Davon ist sie nicht besonders begeistert. Das ist doch ungerecht. Wenn einem etwas weggenommen wird, was zum alltäglichen Leben notwendig ist. Wenn Hilfe fehlt, die ich so gut gebrauchen könnte. Wenn ich den Eindruck habe, allein gelassen worden zu sein. Und dann steckt auch noch Jesus dahinter, der doch eigentlich das Gegenteil tun sollte, nämlich Hilfe schicken.

Jetzt liegt die Schwiegermutter flach. Es wurde irgendwann zuviel. Die ganze Arbeit, die Verantwortung, die Unsicherheit, wie es weiter gehen soll mit dem Fischereibetrieb, den Kindern, dem Haus und schließlich auch mit der eigenen Tochter. Wie sieht denn das aus, wenn der eigene Ehemann mehr mit Jesus zusammen ist als mit der eigenen Frau?

Das hat die Schwiegermutter im wahrsten Sinne des Wortes umgehauen. Sie ist sauer, beleidigt, aber auch ausgepowert, nicht nur von der Fülle der Aufgaben, sondern auch von der Leere der Aussichten auf Besserung. Fieber zehrt sie aus. Fieber macht sie schwach. Der Körper macht nicht mehr mit. Die Beine sind wackelig, der Kreislauf geht in den Keller. Sie will, aber kann nicht. Sobald sie aufsteht, wird es wieder schwummerig. Und dann der Druck: Die anderen müssen auch noch meine Arbeitskraft ausgleichen und ich lieg hier rum.

„Da ergriff er ihre Hand, und das Fieber verließ sie. Sie stand auf und diente ihm."

Sie liegt da rum und es kommt der, dem sie das alles zu verdanken hat. Jesus scheut die Begegnung nicht. Ihm wird klar, was er der Familie und dieser Frau zumutet. Er will daran etwas ändern. Jesus ergreift die Chance der Schwachheit. Jesus zeigt ihr: Auch die Familie ist wichtig. Nicht nur die Welt da draußen. Nicht nur die vielen Notleidenden und Bedürftigen, auch die Leute, die uns am nächsten stehen. Jesus macht vor: Habt auch sie im Blick bei den vielen Aufgaben, die auch noch auf euch warten. Das ist viel schwieriger: Die Auseinandersetzung mit der eigenen Sippe als die Auseinandersetzung mit den Menschen, die mir nicht so nah stehen.

Jesus scheut diese Nähe nicht. Seine Berührung erreicht sie, viel mehr als jedes Wort. Fromme Worte hätten die Schwiegermutter kaum überzeugt. Aber ihre Schwachheit lässt ihr keine andere Wahl als Jesus an ihr Bett tritt. Das verschlägt ihr erstmal die Sprache. Ungeheuerlich. Ein Mann am Krankenbett einer ehrbaren Frau. Jesus lässt sich weder von der Schwachheit der Frau, noch von

ihrer möglichen Abneigung ihm gegenüber, noch von den Tabus der Gesellschaft abhalten, um ihr zu helfen.
Wunder geschehen in doppelter Hinsicht. Nicht nur, dass das Fieber, die Schwachheit weicht. Nein, die Schwiegermutter stürzt sich nicht Mordio zeternd auf Jesus, um ihm nun um die Ohren zu hauen, was er ihr alles angetan hat. Sie ist ergriffen von diesem Mann. Sie reagiert so, wie sie es am besten kann. Sie dient ihm. Dieser Dienst zehrt nicht an ihren Kräften, so dass sie wieder schwach wird. Er geschieht aus Dankbarkeit, auch mit einer gewissen Gelassenheit. Nicht, weil Jesus es fordert, sondern weil sie es will.
Nicht der Mangel beherrscht mehr ihr Leben. Sie vertraut, dass Jesus sie sieht, ihr in ihrem ganz normalen Alltag hilft und ihr die Kraft für die nächste Tat gibt, auch ohne Schwiegersohn.

Text: Matthäus 19,16-26: Die Welt ist nicht genug! Der reiche Jüngling

Thema: Wirklich reich sein

Zielgruppe: Jugendliche

Methode: Erzählung verfremdet

„Die Welt ist nicht genug!“ sagte David und drehte sich zu seinem besten Kumpel um.

„Was?“ Ali war völlig erstaunt. Gerade von David hätte er so einen Spruch nicht erwartet. Er hatte alles nur erdenklich Gute in dieser Welt. Ein tolles Haus. Eine durchaus hübsche Freundin. Eine nette Familie. Und genug Geld, um jeden nur aufkommenden Trend nachgehen zu können. Viele beneideten ihn, aber wenn man ihn näher kennen lernte, konnte man gar nicht anders, als ihn mögen. Er war nicht nur reich und angesehen, sondern er war auch noch echt nett. Kein Angeber, nicht eingebildet. Ein netter Typ mit vielen Freunden und wenig Sorgen, Ali würde sagen, mit gar keinen Sorgen. Geldsorgen, Sorge um sein Image, Sorge um sein Leben. Die Welt hatte ihm alles zu bieten. Er konnte sich alles leisten. Und er war noch jung!

„Was meinst du damit: Die Welt ist nicht genug? Ich finde, das, was du hast, ist schon eine ganze Menge. Mensch, du brauchst dir keine Sorgen zu machen. Selbst, wenn mal was Schlimmes passiert, wenn du krank wirst, dann hast du genug Geld, um dir den besten Arzt zu leisten. Wenn eine deiner Karawanen in der Wüste überfallen wird, hast du immer noch zehn andere. Selbst wenn über Israel eine Hungersnot ausbricht, hast du genug Geld, um in Ägypten Getreide einzukaufen. Ich versteh nicht, was du hast. Du bist in Sicherheit, du hast alles, die Welt meint es gut mit dir. Du hast keinen Grund zu klagen.“

„ Ich will mich auch gar nicht beklagen.“ David setzte sich auf ein Sofa und schenkte sich ein Glas Wasser ein. „Ich weiß das alles zu schätzen. Ich bin froh, dass es mir so gut geht. Aber es geht mir gar nicht so sehr um diese Welt, sondern um das was danach kommt.“

„Aha, du warst wieder in der Synagoge und hast dir von irgendeinem Pfarrer einen Floh ins Ohr setzen lassen!“ Jetzt war Ali alles klar. Der David war ihm manchmal ein bisschen zu fromm. Und David nickte auch schon: „Fasziniert dich der Gedanke einer ewigen Welt nicht? Eine Welt, wo alle bei Gott sind. Das ewige Leben. Eine Welt, wo der Tod keine Macht hat. Ich weiß, dass ich mir diese Welt nicht mit meinem Geld erkaufen kann. Was muss ich also tun, um diese andere Welt zu gewinnen?“

Ali kannte sich nicht gut aus mit der Bibel und diesen Dingen und ehrlich gesagt interessierte ihn das auch nicht. Er wusste keine Antwort. David seufzte: „Ich habe gehört, dass ein neuer Rabbi und Lehrmeister auf dem Weg nach Jerusalem ist. Ich werde ihm entgegen reiten und ihn in mein Haus einladen. Vielleicht hat er eine Antwort für mich.“

Am nächsten Morgen machte er sich mit einer kleinen Karawane auf den Weg. Schon als er sich Jericho näherte, hörte er das Gerücht, der Rabbi sei auf dem Marktplatz und predige. Er arbeitete sich mit seinem Kamel durch die engen Gassen. Alle machten ihm schnell Platz als sie ihn erkannten: „Sei gegrüßt, lieber Herr!“ erschallte es aus einigen Ecken und David erwiderte den Gruß geistesabwesend. Denn da hörte er schon seine Stimme und wenig später sah er ihn am Marktplatz sitzen, eine Horde von Kindern und Jugendlichen um sich herum. Er hörte wie er sagte: „Lasst die Kinder zu mir kommen; hindert sie nicht daran. Denn Menschen wie ihnen gehört das Himmelreich.“

David tritt in die Kinderschar und unterbricht einfach das Gespräch, so dringend will er es wissen: „Meister, was muss ich Gutes tun, damit ich das ewige Leben habe?“

Kurzes Schweigen. „Was redest du von dem Guten? Niemand ist gut außer Gott, dem Einen. Wenn du das ewige Leben haben willst, dann halte die Gebote!“

David ist begeistert. Das hatte er schon immer getan. Aber er will auf Nummer sicher gehen: “Welche?“

„Du sollst niemanden umbringen. Du sollst nicht einfach so deine Frau aus der Ehe entlassen. Du sollst niemandem etwas wegnehmen. Du sollst keine Gerüchte verbreiten. Du sollst dich um deine Eltern kümmern.“

David lächelt. Ihm fällt ein Stein vom Herzen. Wenn es weiter nichts ist: „Das ist kein Problem! Diese Gebote habe ich bisher alle befolgt. Also, gibt es noch etwas? Fehlt mir noch irgendetwas?“

Wenn David aber gewusst hätte, wie Jesus antwortet, dann hätte er nicht gefragt.

„Geh, verkaufe, was du hast, gib das Geld den Armen, und du wirst einen bleibenden Schatz im Himmel haben; dann komm und folge mir nach!“

David stockt der Atem: Was? Alles, was sein Leben bisher ausgemacht hat aufgeben? Alle Sicherheiten, alles Bequeme, alles, was ihm wertvoll erscheint? Das ist doch wohl zuviel verlangt. Das denkt der David und geht mit hängendem Kopf von dannen, denn er hat ein sehr großes Vermögen. Er hatte eigentlich eher gedacht, dass Jesus ihm einen guten Tipp gibt, wie er weiterleben kann wie bisher, nur mit einem Rat, was er noch besser machen kann in seinem Leben. Er hatte eine Antwort erwartet, die ihn nichts kostet und schon gar nicht sein ganzes Vermögen. Das hatte er sich irgendwie einfacher vorgestellt. Du auch?

Text: Markus 5,24b-34: Kurz anfassen! Heilung einer blutflüssigen Frau

Thema: Die Hoffnung auf Jesus setzen

Zielgruppe: (Junge) Erwachsene, Frauen

Methode: Lesen und danach Zeit zum Nachdenken mit einer Frage

Sie hatte von Jesus gehört. Nun drängt sie sich in der Menge von hinten an ihn heran und berührt sein Gewand.

Sie fixiert den Rücken vor sich. Er ist ihr letzter Klammerast nach langer, leidvoller Zeit. Alles, was sie aus eigener Kraft versucht hat, ist ihr nicht gelungen. Zwölf Jahre ihres Lebens hat sie mit Dingen verbracht, die keinen Erfolg hatten. Sie ist leer. Mit zitternden Fingern streckt sie die Hand nach ihm aus. Klammheimlich. Nur einmal kurz anfassen. Kraft strömt ihr entgegen. Zitternd legt sie die Hand auf den Mund, erschüttert darüber, was sie getan hat, was an ihr getan wurde. Er wendet sich um, sucht ihren Blick. Heilung im Hintergrund ist ihm zu wenig. Denn Leben mit ihm ist noch mehr als ein kurzer Kontakt.

Frage: Wann war dein letzter erschütternder Kontakt mit Jesus?

Text: Markus 7,24-30: Vor die Hunde! Die Frau aus Syrophönizien
Thema: Dranbleiben, auch, wenn nicht gleich alles klappt
Zielgruppe: Jugendliche und (junge) Erwachsene, Neulinge
Methode: Erzählung

Sie hatte schon alles probiert. Sie war zu Ärzten in ihrer Stadt gegangen. Sie war zu Wunderheilern gegangen. Sie suchte sogar Dämonenaustreiber auf. Sie bot ihnen viel Geld an, nur dass sie ihr und ihrer Tochter helfen mögen. Aber die Antwort war immer dieselbe: „Wir können es nicht. Deine Tochter ist zu krank!"
Sie ging zu ihrer Familie und bat sie um Hilfe, denn das alles wurde ihr zu viel. Sie stieß auf taube Ohren: „Wir können es nicht. Wir haben selber genug Probleme und Sorgen. Wir können dir nicht auch noch deine kranke Tochter abnehmen!"
Ihre besten Freunde verstanden ihr Problem. Sie versuchten zu helfen, wo sie nur konnten, aber auch sie waren hilflos. Was sollte man mit einer Tochter tun, die verrückt war? Es gab keine Lösung für ihre Probleme. Darum zog sich die Frau irgendwann mit ihrer Tochter in ihr Haus zurück und blieb allein mit ihren Sorgen, mit der Qual einer Tochter, die nicht so war wie andere. Mit der Wut auf das Leben und ihrem Schicksal, das es nicht gut mit ihr meinte. Wenn das doch nur irgendwann ein Ende haben könnte. Sie war mit ihrem Latein am Ende. Sie wusste nicht mehr, was sie noch tun sollte.
Gut, sie konnte auch zu Jesus gehen. Von dem hatte sie schon gehört. Konnte sein, dass er ihre letzte Hoffnung war. Da gab es nur ein Problem: Sie gehörte nicht zu ihm, nicht zu seinem Volk, nicht zu seinem Glauben, nicht zu seiner Kultur. Sie hatte also rein gar nichts mit Jesus zu tun. Und er war so weit weg! Sie glaubte zwar auch nicht so recht an ihre Götter, aber sie hatte bisher immer daran geglaubt, dass man mit Geld alles erreichen kann. Sie war früher immer davon überzeugt, dass Familie und Freunde alle Nöte beseitigen könnten. Und sie war fest davon ausgegangen, dass sie stark genug war, ihre Probleme im Leben selber zu lösen. Bis ihre Tochter unheilbar krank, verrückt geworden war. Plötzlich stand sie vor einem Problem, das sie nicht lösen konnte. Nichts war mehr so, wie sie es sich immer vorgestellt hatte. Darum gingen ihre Gedanken nun immer wieder zu einem Gott, den sie sich größer vorstellte, als alles, das sie kannte. Einen Gott, der gut war und ihr helfen würde. Einen, der sie mit offenen Armen empfing und bei ihren Problemen mit anpacken würde. Sie hatte gehört, dass dieser Jesus genau von so einem Gott erzählte. Ob da was dran war? Sie würde es nie herausfinden, es sei denn, sie würde es mal ausprobieren und zu ihm gehen. Das wollte sie tun.
Sie hörte, dass er in der Nähe sei. Er war in ihr Land gekommen, in ihre Reichweite. Also ging sie zu ihm und sie warf sich ihm vor die Füße, weil er ihre letzte Hoffnung war und weil sie wusste,

dass er mächtig war. Sie bat ihn und sprach: „Treibe den bösen Geist aus meiner Tochter aus, der sie verrückt und mir das Leben unerträglich macht!"
Jesus sah sie an und antwortete: „Es geht noch nicht. Erst bin ich für meine eigenen Leute da. Erst sollen diese als die Kinder Gottes satt werden. Darum ist es nicht in Ordnung, wenn ich ihnen das Brot weg nehme und euch, den Hunden, vorwerfe!"
Da bleibt einem die Spucke weg. Wie kann Jesus so etwas sagen? Bestimmt geht die Frau nun enttäuscht und sauer weg. Doch sie bleibt vor ihm sitzen und nickt zu seinen Worten und sie spricht: „Ich weiß, dass du erst für dein eigenes Volk da bist. Sie liegen dir ganz besonders am Herzen und das kann ich verstehen. Es braucht dich, damit es zurück zu Gott findet. Aber trotzdem, Herr, denk doch auch dran, dass vom Tisch der Kinder immer mal wieder etwas von dem Brot herunter fällt. Das können dann die Hunde fressen! Du bist doch auch für mich da, oder? Auch, wenn ich bisher nicht zu dir gehört habe."
Jesus sieht sie lange an bis er schließlich sagt: „Du gehörtest bisher nicht zu meinem Volk und zu meinem Glauben. Aber ich sehe, dass du mir vertraust und glaubst, dass ich von Gott komme, dem Vater aller Menschen. Ich bin bei dir und deiner Tochter. Ich helfe dir. Deine Tochter wird gesund sein, wenn du nach Hause kommst."
Und so war es. Als die Frau nach Hause kam, war der böse Geist aus der Tochter ausgefahren. Die Frau konnte wieder ein normales Leben führen. Aber es war nicht nur das, ja fast war das schon nebensächlich. Es hatte sich noch etwas ganz anderes geändert: Im Hause der Frau war der Glaube an Gott eingekehrt, der sich an Jesus festhält. Die Frau lebte nicht mehr aus ihrer eigenen Kraft, im Vertrauen auf ihr Geld oder ihre Familie oder Freunde. Die Frau hängte ihr Leben an Gott, mit dem sie die Kraft zum Leben mit allen Probleme und Sorgen bekam. Sie war sich sicher: Ich gehöre auch zu ihm!

Text: Markus 10,46-52: Der Stimmenwandler – Heilung des blinden Bartimäus

Thema: Veränderung, Ermutigung, Mut

Zielgruppe: (Junge) Erwachsene

Methode: Gegenstände und Erzählung

In der Mitte liegen der weggeworfene Mantel, ein Gehstock und ein bisschen Geld auf einem Teller. Etwas weiter entfernt liegt die Augenbinde.

Die Überbleibsel der Geschichte vom blinden Bartimäus liegen vor uns. Überbleibsel, die uns viel erzählen.

Der Mantel – Bartimäus saß Jahre darauf und bettelte. Es war auch einmal anders gewesen. Es hatte Zeiten gegeben, früher, da konnte er sehen. Er hat schon einmal gewusst, wo es für ihn lang gehen sollte. Er hatte Visionen, Wünsche, Ideen. Was er nicht alles in die Tat umsetzen wollte. Was aus seinem Leben werden sollte. Offensichtlich sind diese Ideen irgendwo auf dem Weg abhanden gekommen. Der Mantel des Vergessens legte sich über Bartimäus. Er zog sich darin zurück, verbarg sich und seine Anliegen, hüllte sich ein in den Mantel des Schweigens und vergaß. Er beschränkte sich auf das Notwendigste. Almosen hielten ihn am Leben, ein Minimum an Leben. Es reichte, nicht, um glücklich zu sein, aber um zu überleben allemal.

Ein Stock – er half ihm, die alltäglichen Dinge zu verrichten, sich zu orientieren in seiner kleinen begrenzten Welt, die er mit der Zeit blind kannte. Immer an der Hauswand entlang. Er konnte keine großen Schritte tun. Er brauchte seine Augen nicht mehr, um Neues zu sehen. Gewohnheit, entmutigende Worte, Scheitern, Angst vor Blamage hatten seinen Willen gebrochen. Nun sitzt er am Wegesrand und bettelt.

Stimmen dringen zu ihm vor, durch den Mantel hindurch. Er sperrt die Ohren auf. Jesus? Den Namen hatte er schon einmal gehört. War da nicht was? Früher? Jesus, Davids Sohn. Erinnerungen werden wach. Leben regt sich unter dem Mantel. Sehnsucht zieht an seinem Herzen. Sehnsucht nach dem, was möglich ist in seinem Leben. Und er beginnt zu schreien: Sohn Davids, Jesus, erbarme dich meiner!

Altbekannte Stimmen gehen ihn an: Sei still! Du hast hier nichts zu sagen! Du störst! Was maßt du dir an? Du gehörst nicht dazu! Wer bist du denn schon?

Egal! Er schreit noch lauter: Sohn Davids, erbarme dich meiner!

Da wird es ruhig. Der Sohn Davids befiehlt den Stimmen andere Töne: Ruft ihn! Hab keine Angst. Du bist gehört. Fass Mut. Wag dich heraus. Geh! Er ruft dich.

Er schmeißt den Mantel des Vergessens und Verzagens von sich. Er kann nicht sehen wohin, aber er weiß, zu wem. Er hat seine Stimme gehört. Sie ruft ihn: Du schaffst das. Vertrau mir. Dieser

Stimme läuft er blind nach. Stolpersteine auf dem Weg, das ausgestreckte Bein böser Menschen, die Gefahr der falschen Richtung schrecken ihn nicht ab. Er weiß: Jesus ist da. Er erwartet ihn, Bartimäus. Ihm kann nichts Schlimmes passieren, was Jesus nicht mitbekommen würde.

Da steht er vor ihm. Sein Gesicht erwartungsvoll ihm entgegen gereckt.

„Und?“ fragt Jesus. „Was willst du, dass ich dir tun soll?“

Was will ich? Bin ich mir sicher? Schaffe ich die Veränderung? Will ich mich der Verantwortung für das Neue stellen? Komme ich klar? Will ich wirklich sehen, was möglich ist? Habe ich die Kraft zur Freiheit? Wird es mir nicht doch zuviel?

Nein, Bartimäus! Keine Macht den alten Stimmen!

„Herr, dass ich wieder sehen kann!“

Jesus lächelt: „So sei es!“

Und die Augenbinde fällt ab.

Text: Markus 11,15-19: Die Kirchen- und Tempelreinigung

Thema: Wahrhaftigkeit, Gottesdienst

Zielgruppe: Mitarbeitende

Methode: Erzählung verfremdet

Dann gingen sie nach Jerusalem. Jesus ging in den Tempel und begann, die Händler und Käufer, die Pfarrer und Jugendreferenten, die Kirchengemeinderäte und Hausmeister, die Jungscharleiter und Kindergottesdienstmitarbeiter, die Jugendmitarbeiterinnen und Vorstände hinauszutreiben; er stieß die Tische der Geldwechsler und Oberkirchenräte und die Stände der Taubenhändler und Landesbischöfe um und ließ nicht zu, dass irgendjemand etwas durch den Tempel- und Kirchenbezirk trug.

Er belehrte sie und sagte: Heißt es nicht in der Schrift: Mein Haus soll ein Haus des Gebetes für alle Völker sein? Ihr aber habt daraus eine Räuberhöhle, einen Finanzplan, ein rhetorisches Seminar, ein Museum, eine schulische Anstalt, ein Putzhaus, eine Arbeitsbeschaffungsmaßnahme, ein aktives Freizeitprogramm, ein tolles Event gemacht.

Die Hohenpriester und Schriftgelehrten, die hohen Theologen und Kenner der Bibel, die Liberalen, Pietisten, Evangelikalen, Linken und Rechten, hörten davon und suchten nach einer Möglichkeit, ihn umzubringen, ihn aus ihren Kreisen zu verbannen, ihn mundtot zu machen, lauter zu reden als er selber. Denn sie fürchteten ihn, weil er alle Leute von seiner Lehre sehr beeindruckt hat, weil er mit seinem Reden und Handeln die Herzen der Menschen erreicht hatte, weil es ihm wichtig war, dass sein Volk und alle Völker von Gott hören, weil die Kranken, die Armen, die Außenseiter, die Stillen, die Unbeliebten, die Versager, die Schwachen sich bei ihm wohl fühlten, weil er so war, wie sie selber nicht waren.

Als es Abend wurde, verließ Jesus mit seinen Jüngern die Stadt.

Text: Lukas 1,28: Maria und der Fremde
Thema: Weihnachten, Auserwählt sein
Zielgruppe: (Junge) Erwachsene, Ehrenamtliche
Methode: Erzählung

Sie steht in der Küche. Das Essen muss fertig sein, bevor Vater nach Hause kommt. In Gedanken beschäftigt sie sich mit dem Nachtisch. Sie nimmt die Teller aus dem Schrank, dreht sich um und erstarrt – sie blickt direkt in das Gesicht eines Fremden! Die Teller fallen ihr klirrend aus der Hand. Sie zerschellen in tausend Stücke. Was würde Vater dazu sagen – geht es ihr durch den Kopf. Aber vielleicht ist das auch schon egal, denn dieser Fremde, was hat er vor? Er starrt sie an und hebt die Hände. „Sei gegrüßt, du Begnadete des Herrn. Der Herr ist mit dir!"
Maria hebt die Augen von dem Scherbenhaufen und blickt in dieses Gesicht. Nicht das Gesicht eines Fremden, sondern das eines Engels. Sie weiß es. Sie spürt es. Sie ist sich ganz sicher. Und er hat eine umwerfende Botschaft. Gott begnadet sie. Sie versteht es so: Gott wendet sich ihr zu. Er tritt bei ihr ein, in ihr Haus, mitten in den Scherbenhaufen. Er stellt sich an ihre Seite, auf ihre Ebene.
Ungeheuerlich! Geht es ihr durch den Kopf. Sie ist doch nur eine Frau. Und eine Unbedeutende noch dazu. Keine Heilige, keine Gescheite, keine Bewährte. Einfach Maria! Und Maria bleibt einfach. Sie wird nichts Besonderes. An ihr geschieht etwas Besonderes.
Gott lässt sich zu ihr herab, nimmt ihr Leben ein. Er wird so klein, dass er in ihren Bauch hinein passt.
Diese Begegnung mit dem Engel wird Maria nie in ihrem Leben vergessen. Jeden Augenblick saugt sie in sich auf, so intensiv und so unsagbar schön ist ihr die Erkenntnis, dass Gott sie begnadet. Diese Erkenntnis trägt sie hindurch, auch, als sie ihren erwachsenen Sohn los lassen muss, damit Gottes Gnade sich am Kreuz vollenden kann, nicht nur für sie, sondern für alle Menschen.
Gott lässt sich zu uns herab, tritt bei uns ein, kommt in unser Haus.
Ungeheuerlich! Wo wir doch nichts Besonderes sind. Keine Heiligen, keine Gescheiten, keine Bewährten.
Gott kommt zu uns, von Mensch zu Mensch, von Angesicht zu Angesicht.
Gott tritt ein und bleibt. Er ist kein flüchtiger Besucher, der uns ein schnelles „Grüß Gott!" entgegen wirft.
Er ist ein Dauergast mit Tiefgang. So tief, dass er sich nicht zu schade ist, sein Heim in einer Krippe aufzuschlagen.
Was für eine intensive Begegnung mit Gott. Das kann man nie im Leben vergessen. Zwischen aller Geschäftigkeit und Gemütlichkeit in Küche, Arbeitsplatz und Wohnzimmer. Und an der Krippe.

Text: Lukas 13,10-17: Was bedrückt? Die Heilung der gekrümmten Frau

Thema: Was uns bedrückt und beugt

Zielgruppe: Frauen, Erwachsene

Methode: Innerer Dialog mit dem Text

Wir befinden uns an einem heiligen Ort zu einer heiligen Zeit. Es ist Sonntag. Es ist Gottesdienst. Eine Zeit und ein Ort, an dem Wunder geschehen können. Ein Ort und eine Zeit, in der Jesus Menschen begegnet. Ein Ort der Freude. Eine Zeit für das Lob Gottes.

Ich möchte Sie entführen an einen heiligen Ort zu einer heiligen Zeit.

Stellen Sie sich vor: Eine Frau hat sich zu diesem heiligen Ort zu einer heiligen Zeit eingefunden. Man sieht sie nicht gleich. Sie sitzt ganz am Rand. Wir können sie gar nicht richtig wahrnehmen. Ihren Kopf hält sie tief gebeugt und ich frage mich: Was hat diese Frau? Warum kann sie ihren Blick nicht nach oben richten? Da sehe ich, dass ihr Rücken gebeugt ist, mehr als über das normale Maß hinaus. Ich erkenne eine Krankheit. Sie tut mir leid. Aber ich wage es nicht, sie darauf anzusprechen. Ich mache mir meine Gedanken, was das für sie bedeutet: Sie kann den Blick nicht heben. Sie kann sich nicht an der schönen weiten Welt freuen, sich nicht genüsslich recken und strecken oder zu den Sternen greifen. Sie sieht immer nur den einen Fleck vor ihren Füßen. Wie lange hat sie wohl schon niemandem mehr richtig ins Gesicht gesehen? Ich werde nachdenklich. Was beugt Menschen so sehr, dass sie aufgeben, immer nur runter schauen, nicht mehr aufrecht gehen können? Wie groß muss eine Niedergeschlagenheit sein, dass sie sich körperlich äußert?

Misserfolge beugen meinen Rücken. Erfahren müssen, dass alles, das ich anpacke nicht mit Erfolg gesegnet ist. Ich mühe mich ab, investiere Zeit und Energie, aber es kommt nichts zurück. Einmal, zweimal ist es noch auszuhalten, aber wenn es sich häuft, wird es ein großer Berg auf meinem Rücken, der mich dauerhaft niederdrückt. Die Kraft schwindet, sich gegen diese Last zu wehren. Ich gebe auf. Ich lasse zu, dass Misserfolg, auch Neid auf den Erfolg anderer, mich beugen, krumm machen, meinen Blick für viele andere Möglichkeiten einengen, bis ich nur noch den einen kleinen Fleck vor meinen Füßen sehe. Der Blick in eine frohe Zukunft ist verstellt.

Verletzungen beugen meinen Rücken. Zurückweisungen, Desinteresse, Gleichgültigkeit wiegen schwer und immer schwerer. Sie wollen mich niederdrücken und schaffen es auf Dauer auch. Da ist eine Ehefrau, die schon lange kein nettes Wort mehr von ihrem Mann gehört hat. Der Fernseher ist interessanter als sie selber. Da ist eine Freundin, die nicht mehr anruft. Sie hat nun andere Interessen und Freunde. Da ist eine ehrenamtliche Mitarbeiterin in der Gemeinde, deren Ideen und Vorschläge gar nicht wahrgenommen werden.

Mein Blick richtet sich wieder auf diese Frau am Rande des Gottesdienstes. Ich schätze, sie hat Ähnliches erlebt. Bei ihr ging es soweit, dass Gegenwehr irgendwann gar nicht mehr möglich war. So weit, dass nun über ihren Kopf hinweg geredet wird. Niemand nimmt sie mehr wahr. Sie hat sich damit abgefunden. Was ihr bleibt, ist ein Besuch im Gottesdienst. Dort setzt sie sich still hin und lauscht den Worten. Ich weiß nicht, ob sie noch viel erwartet, ob sie noch Hoffnung auf einen Blickwechsel hat. Aber es geschieht.

Die Geschichte wird in verteilten Rollen bis Vers 13 gelesen: Erzähler, Jesus, Frau (indirekt)

Sie begegnet an einem heiligen Ort zu einer heiligen Zeit dem, der ihr Leben verändert. Vielmehr, er begegnet ihr. Und sie lobt Gott. Sie lobt Gott, weil er sie aufrichtet. Weil er sie herausruft aus ihrer einsamen Einkehr in sich selbst. Weil er nicht nur das Wort an sie richtet, sondern sie wirklich sieht. Weil er nicht mit dem Zeigefinger auf ihre vielen eigenen Fehler zeigt, sondern die Hand heilsam auf ihren geplagten Rücken legt und ihre Probleme ernst nimmt. Weil er ihr Würde verleiht, sie einbezieht in das Volk Gottes und ihr damit einen Platz bereitet, an dem sie sein darf, so, wie sie ist. Das richtet sie wieder auf. Das macht ihr Mut, das gibt ihr Kraft. Sie begreift: Jesus bewertet mich nicht nach meinen Erfolgen oder Misserfolgen. Ihm bin ich wichtiger als der Fernseher. Er vergisst mich nicht und wendet sich nicht anderen Leuten zu. Ich werde ihm nie lästig oder langweilig. Er nimmt mich und meine Sicht der Dinge ernst.

Sie bekommt den Rücken gestärkt an diesem heiligen Ort zu dieser heiligen Zeit.

Staunen wir über Gott und seine Möglichkeiten? Kommt in uns eine Sehnsucht auf, die sagt: Ich will das auch?

Das ist doch anzunehmen, dass das geschieht, denn diese Frau hat etwas Großartiges erlebt. Vermutlich stimmt die ganze Gemeinde mit in ihr Lob ein und freut sich mir ihr.

Wir hören, wie die Geschichte weiter geht bis V. 17: Erzähler, Jesus, Synagogenvorsteher

Jawohl, viele freuen sich mit. Sie sind begeistert von den Taten Jesu.

Aber einer ist da, der kann sich nicht freuen. Ich höre ihn förmlich wie er empört sagt: So geht das doch nicht. Im Gottesdienst kann doch nicht so eine Unruhe entstehen. Wo kämen wir hin, wenn das alle so machen würden? Hier sind doch nicht der Ort und die Zeit dafür. So ein Zirkus sollte doch wirklich draußen stattfinden und nicht an einem heiligen Ort zu einer heiligen Zeit.

Der Synagogenvorsteher, ein gestandener Mann mit Einfluss in der Gemeinde. Er waltet über Ordnung und Sitte im Gottesdienstgebäude. Er achtet darauf, dass alles seine Richtigkeit hat. Ihm ist es wichtig, dass die Gebote gehalten werden und der rechte Glaube bewahrt. Vielleicht kommen Ängste bei ihm auf, dass es zu chaotisch wird, dass der Glaube gestört wird. Er sieht Gefahren auf sich zukommen. Die Gefahr, dass das, was ihm heilig ist, entehrt wird. Bei aller Angst, Ordnungsliebe und Gesetzestreue verliert er den Blick für das Wesentliche. Wir sehen es nicht offensichtlich, aber Jesus nimmt es wahr: Hier steht ein gekrümmter Mann vor ihm. Gekrümmt von seinen eigenen frommen Wertvorstellungen, gebeugt von der Angst, sein Glaube könnte ihm abhanden kommen, wenn die Gesetze nicht ganz getreu gehalten werden. Gebückt von Traditionen, die unehrlich sind.

Jesus lässt sich darauf nicht ein. Hier zeigt er mit dem Finger auf die Fehler, auf die Heuchelei, auf das „nur so tun als ob". Er wehrt sich nicht gegen den heiligen Sabbat. Er wehrt sich gegen die Falschheit der Frommen, die die Gebote zu ihren Gunsten auslegen und anderen das Gute verderben.

Selbst ein Esel wird losgebunden, wenn er Durst hat und zur Tränke geführt wird. Und da soll ein Mensch, eine Frau nicht losgebunden werden, wenn sie Durst nach Leben hat?

Was für eine Doppelmoral. Was für ein Ausnutzen von Macht und Status. Erschrocken zucke ich zusammen? Finde ich mich nicht auch in diesem Synagogenvorsteher wieder? Lege ich bei mir nicht auch des Öfteren mal einen anderen Maßstab an als bei den Menschen um mich her? Erlaube ich mir nicht selber auch Dinge, die ich bei anderen verachte? Ich bin beschämt und neige mein Haupt.

Wie gut, dass Jesus barmherzig ist. Wie gut, dass er den Sonntag nutzt, um Menschen eine Wohltat zu gönnen. Wie gut, dass ich zu ihm kommen kann mit beiden Anteilen: Die der gekrümmten Frau und die des gekrümmten Vorstehers. Wie gut, dass Jesus Menschen jeder Art aufrichtet, denen er begegnet und die seine Hilfe brauchen.

Jesus scheut sich nicht vor krummen Rücken. Seine Hand ist schon ausgestreckt, um sie uns aufzulegen. Jesus schenkt einen Perspektivwechsel. Unser Blick richtet sich himmelwärts. Unsere Hände greifen zu den Sternen. Unsere Herzen heben sich zu Gott, der sie hält.

Text: Lukas 15,8-10: Nur eine kleine Münze

Thema: Gott sucht Menschen

Zielgruppe: Jugendliche, Mitarbeitende

Methode: Anspiel

Eine Putzfrau erzählt (am besten verkleidet):

Meine Güte, so ein Aufstand wegen einer popeligen Drachme und das auch noch am frühen Morgen. Die ist doch gar nicht so viel wert. Meine Nachbarinnen haben gedacht: Die spinnt. Und: Die ist aber geizig. Eine Drachme. Das wird sie doch wohl noch verkraften. Aber ich habe nicht nur ein Geldstück verloren. Ich habe einen Teil aus einer zwar nicht teuren, aber mir sehr wertvollen Kette verloren. Die hat mir mein Mann zum 10. Hochzeitstag geschenkt. Und von dieser Kette fehlte mir eine kleine Münze. Sie hat eine Lücke hinterlassen. Wie sollte ich eine andere besorgen? Die möglicherweise einen anderen Glanz hat oder größer oder kleiner ist als die anderen? Aber so ist das wohl heutzutage: Alles ist irgendwie ersetzbar. Manchmal sogar Menschen.

Hör auf zu jammern, haben meine Nachbarinnen gesagt. Du bist ja selber Schuld. Warum passt du nicht besser auf? Dann hättest du die Drachme erst gar nicht verloren. Aber Leute, so was passiert! Da hat doch niemand Schuld. Wer sagt denn schon: Du kleine Drachme, du wolltest wohl nicht an deinem Platz bleiben, was? So ein Blödsinn! So ein kleiner Gegenstand plumpst halt auf den Boden und rollt in eine dunkle Ecke, verschwindet in einer staubigen Ritze, wo sie niemand so schnell findet. Jeden Tag passiert so was!

Jeden Tag kann es passieren, dass du fällst und in einer dunklen Ecke landest und keiner weiß, wie das passieren konnte. Eigentlich ist alles wie immer gelaufen, nichts Besonderes passiert, kein Schicksalsschlag hat dich ereilt und doch: Da hockst du irgendwo in deinem Alltag und denkst auf einmal: Was ist denn hier los? Was macht das Leben mit mir? Irgendwie erlebe ich gar nichts Richtiges, obwohl ich ständig etwas mache. Du ertappst dich in einer finsteren Ecke des Selbstmitleids, weil es den anderen immer besser geht als dir selber. Oder du machst dir staubige Gedanken darüber, dass mit dir ja doch nichts anzufangen ist. Oder du fällst sogar in so ein fieses tiefes Loch, wo du dich nicht orientieren kannst, möglicherweise weil alles zuviel ist. Wie auf dem Schreibtisch von meinem Mann. Da sieht es immer aus. Mag sein, du rollst in eine Ritze mit so Spinnenweben, die dir das Hirn verkleistern und du weißt nicht mehr, was richtig und was falsch ist und dann machst du halt irgendwas.

Tja, und da liegst du dann, ab von jedem Lichtschimmer der Erkenntnis oder vom erfrischenden Luftzug des Optimismus, so wie meine Drachme. Und du brütest und brütest und bist ratlos. Keine Ahnung, wie ich hier hingekommen bin und keine Ahnung, wie ich das ändern kann.

Also, ich habe eine Freundin, die wohnt hier gleich um die Ecke, könnte auch deine Freundin sein. Manchmal, wenn ich mich nach ihr erkundige, dann muss ich an meine kleine Drachme denken, wie ich sie verloren habe. Ich höre von ihr, was sie so macht und tut, was sie organisiert, was sie für Aktionen macht. Wie sie manchmal stöhnt und zweifelt und sich fragt: Ist das richtig, was ich hier mache? Wozu ist das gut auf dieser großen weiten Welt? Ein Tropfen auf den heißen Stein und weltbewegend schon gar nicht. Und Gott verstehe ich nicht, den höre ich nicht, ich weiß nicht, was er von mir will. Wo ist der überhaupt? Der könnte doch auch mal dies und jenes tun. Was macht der denn den lieben langen Tag? Und ich denke: Olala, die hat mal wieder ihr dunkles Lochtief.
Da sieht man mal, dass niemand gefeit ist vor der dunklen Ritze der Gottesferne.
Es passiert, dass wir von Gott wegrollen, nicht mit Absicht, so wie ein guter alter Bekannter von mir, der aus seinem Vaterhaus raus wollte, um die Welt zu entdecken. Aber meine kleine Drachme, die war auf einmal verschwunden. Es kommt vor, dass du dich aus dem Blickfeld Gottes entfernst und es noch nicht einmal merkst. Manchmal passiert das einfach. Aber wenn du auf unfreiwillige Tauchstation begibst, macht Gott sich auf freiwillige Suchaktion. Er scheut keine Kosten und Mühen, um dich wieder an den Platz neben sich zu bekommen, weil du ihm so viel wert bist, wie mir meine Drachme wert war. So viel wert, das kannst du dir nicht vorstellen.
Leute, Leute, ich kann euch sagen, ich kann mir vorstellen, wie Gott sich fühlt, wenn da plötzlich einer wegrollt, ohne ersichtlichen Grund. Mir ist damals mein Herz in die Hose gerutscht. Ich konnte an nichts anderes mehr denken, als wie ich diese Drachme wieder zurückbekomme. Mir ging es nicht um den Preis, das ist doch egal, aber sie hätte gefehlt. Könnt ihr euch vorstellen, wie riesengroß meine Freude war, als ich sie dann nach stundenlanger Suche gefunden habe.
Könnt ihr euch vorstellen, wie sehr Gott sich freut, wenn er euch endlich wieder gefunden hat? Da jubelt der Himmel, da purzeln die Freudentränen und Gott sitzt mittendrin und seufzt erleichtert auf. Die Lücke ist wieder gefüllt. Der geliebte Mensch ist zurück zuhause, wo er hingehört. Ich höre schon das fröhliche Freudenlied.

Text: Lukas 15,11-32: Die verlorene Freundin

Thema: Vergebung, Zurück kommen dürfen

Zielgruppe: Jugendliche

Methode: Verfremdete biblische Geschichte

Er war total verknallt. Er hätte alles für sie getan. Er wollte sein ganzes Leben mit ihr zusammen sein und sie nie verlassen.

Eines Tages sagte sie zu ihm: „Ich gehe. Das wird mir alles zu eng. Ich muss mal andere Leute kennen lernen. Du bist mir zu langweilig geworden." Ohne ein weiters Wort ging sie und nahm alle guten Erinnerungen mit. Er sagte nichts. Er war wie vor den Kopf gestoßen. Aber er ließ sie gehen.

Sie hatte nun, was sie wollte. Ihre Freiheit. Jetzt konnte sie so richtig loslegen. Jeden Abend traf sie sich mit einem anderen, der mit ihr tanzen ging, etwas Essen oder ins Kino und manchmal auch mehr. Je nach dem. An ihn dachte sie nicht mehr.

Lange Zeit genoss sie ihr Leben und war fröhlich. Sie hatte alles: Freunde, Geld, ein aufregendes Leben, einen vollen Terminkalender. Sie kam gut an.

Nur manchmal, nachts, wenn sie nicht einschlafen konnte, regte sich in ihr der Wunsch, mit ihren Freunden auch mal zu reden. Wirklich zu reden. Erzählen, wie es einem geht. Nicht nur in die Disco gehen, sondern bei einem gemütlichen Abend von dem reden, was einen bewegt.

Als sie irgendwann genug hatte von der ewigen Fete, abends zu müde war, um wegzugehen und sich einfach einen ruhigen Abend wünschte, fragten ihre Freunde: „Was ist denn los? Hast du einen schlechten Tag?"

Aber ehe sie eine Antwort gefunden hatte waren sie schon mit anderen Leuten verschwunden. Sie blieb alleine zuhause. Sie nahm ihre Telefonliste und überlegte sich, wen sie anrufen könnte, aber da war niemand. Da fiel ihr Blick auf seinen Namen.

„Nein, ihn kann ich nicht anrufen. Es ist schon so lange her. Ich habe ihn verletzt. Er wird mich nicht mehr kennen."

Also machte sie weiter wie bisher. Lebte von einem Wochenende zum nächsten, spülte den Frust mit einem Alkopop hinunter und tanzte sich müde.

Eines Morgens aber wollte sie nicht mehr aufstehen. Sie hatte keine Lust mehr. Sie war es leid. Kein Mensch fragte nach ihr. Keiner interessierte sich für sie. Wieder musste sie an ihn denken. Und sie beschloss: „Ich werde zu ihm gehen. Ich muss mich entschuldigen, auch wenn mein Reden und Handeln unentschuldbar ist. Ich halte es nicht mehr aus, ihn nicht zu sehen. Vielleicht kann ich mitkommen, wenn er mit seinen Freunden unterwegs ist. Vielleicht darf ich mal wieder zu einer Fete von ihm kommen und in seiner Nähe sein, auch, wenn er nicht mehr mit mir reden wird."

Sofort am nächsten Tag nach einer durchwachten Nacht, machte sie sich auf den Weg zu seinem

Haus. Auf dem Weg formulierte sie eine Entschuldigung. Sie fand, es hörte sich alles dumm und nichts sagend an. Sie sah schon sein Haus in der Ferne.

Er machte sich gerade einen heißen Kakao und wartete, dass die Milch heiß wurde. Versonnen blickte er aus dem Küchenfenster und sah sie. Sein Herz schlug einen Takt schneller. Wollte sie zu ihm? Ja, sie steuerte auf sein Haus zu. Und wie sie aussah. Völlig k.o. Eine Sekunde konnte er sich nicht rühren. Die Milch kochte über. Das war ihm egal. Er rannte zur Haustür, riss sie auf und rannte ihr entgegen und blieb kurz vor ihr stehen.

Ihr blieben die wohl zu Recht gelegten Worte im Hals stecken und sie schwieg. Er sagte ihre Namen. Da brachte sie heraus: „Es tut mir leid. Eigentlich dürfte ich gar nicht mehr kommen, aber ich habe es nicht mehr ausgehalten. Ich bin es nicht mehr wert, dass ich mit dir reden könnte. Aber ich wollte dich nur mal wieder sehen.“

Er schaute über die Straße und antwortete: „Ich rufe die anderen an. Heute Abend gibt es eine Riesenparty. Denn du warst fort, aber jetzt bist du wieder zurück. Ich dachte, ich sehe dich nie wieder, aber jetzt stehst du vor mir. Komm rein. Das muss gefeiert werden.“

Am Abend kamen alle Freunde und sie begannen, ein fröhliches Fest zu feiern.

Diese Geschichte kann man in etwas anderer Form in der Bibel, im Lukasevangelium, Kapitel 15, nachlesen. Dort heißt sie: Der verlorene Sohn.

Text: Lukas 19,1-10: Kleiner Mann ganz groß - Zachäus

Thema: Geld ist nicht alles im Leben

Zielgruppe: Jugendliche

Methode: Die Nichte von Zachäus erzählt dessen Geschichte

Oh Mann, der sah mal wieder fertig aus, mein lieber Onkel Zachäus. Aber das war mir ziemlich egal. Er hatte mir versprochen, mir mein Kleid zu kaufen und das sollte er jetzt auch tun.

Er war ganz o.k., vor allen Dingen hatte er reichlich Kohle, deswegen konnte ich immer mal wieder was bei ihm abstauben. Aber manchmal war es echt peinlich, mit ihm wegzugehen.

Wenn nämlich die Leute vor ihm auf die Straße spuckten oder ganz offensichtlich schlecht über ihn sprachen. „Zöllner, Verräter, Betrüger", tuschelten sie. „Hau bloß ab. Mit dir wollen wir nichts zu tun haben!"

Einmal war es total schlimm. Da kam einer, packte ihn am Kragen und schrie ihn an: „Du hast mich ruiniert! Ich musste mein Geschäft verkaufen, weil du mir mein ganzes Geld genommen hast! Du elender Hund. Warte nur, wenn ich dir alleine begegne!"

Mein Onkel war ganz weiß im Gesicht geworden und wir haben uns schnell aus dem Staub gemacht. An der nächsten Ecke hockte sich Zachäus schnaufend auf die Erde und vergrub sein Gesicht in den Händen. „Hör nicht auf den, der ist nur neidisch auf dich, weil du so viel Geld hast. Lass ihn doch reden!" Zachäus schaute mich an und sagte: „Nein Hanna, er hat ja Recht. Ich bin ein Halsabschneider, schon immer gewesen. Mir war das immer egal, solange die Kohle stimmte. Mittlerweile frage ich mich aber, was es mir denn tatsächlich bringt."

Ich war geschockt. Wurde der sentimental, oder was? Aber dann hat er sich doch aufgerafft und ging nach Hause. Über diesen Vorfall sprachen wir nie wieder. Aber seitdem war mein Onkel anders. Nicht mehr so laut und übermütig. Oft trank er bis tief in die Nacht und wachte morgens mit Kopfschmerzen auf.

So, wie an diesem Tag anscheinend auch. Aber ich wollte mein Kleid und quengelte so lange, bis wir uns endlich auf den Weg machten. Auf der Straße war ziemlich viel los. Kein Wunder.

„Das muss an Jesus liegen!" meinte ich zu Zachäus. „Ich habe gehört, dass er heute in der Stadt ist."

„Was?" Zachäus starrte mich entgeistert an. „Der Jesus?" „Wie, der Jesus? Na, der eben."

Papa sagt, dass der ein Spinner ist. Läuft mit ein paar Freunden in der Gegend rum und erzählt von Gott, dem Vater, der uns liebt. Mein Vater glaubt das nicht mehr. Mich interessiert das alles nicht so. Gott war in unserer Familie schon lange kein Thema mehr. Ich wollte ja auch nur mein Kleid. Aber mein Onkel rührte sich gar nicht mehr vom Fleck. „Was ist denn los?" „Ich muss ihn sehen!" flüsterte mein Onkel da. „Hä? Was willst du denn von dem? Du hast mit dem doch gar nichts am Hut. Schau dich doch an in deinen Zöllnerklamotten."

„Aber ich hab schon soviel von ihm gehört. Jetzt will ich wissen, wer er ist. Kommst du mit?"
Nein danke! Ich wollte mich nicht zum Affen machen. Darum riet ich ihm: „Lass es bleiben. Das ist doch nur peinlich."
Da sah er mich ganz komisch an. „Das ist mir völlig egal. Das ist die Chance meines Lebens. Ich habe alles Geld der Welt, ich habe Macht und Einfluss, aber ich bin doch ein armes Schwein. Du siehst doch, wie die Leute mich behandeln. Und das mit Recht. Ich bin ein Betrüger. Ich ruiniere das Leben von Menschen. Mir ging es immer nur um das Geld, aber ich bin am Ende. Es ist mir egal, wie peinlich es ist. Ich habe schon so viel von Jesus gehört. Dass er mit Leuten wie mir zusammen ist, dass er sie nicht anspuckt. Ich will ihn einfach nur sehen."
Und weg war er. Verschwunden im Menschengetümmel. Ich verlor ihn einfach aus den Augen. Keine Ahnung, was er da trieb. Doch dann sah ich ihn. Ich konnte es kaum glauben. Ich dache, ich müsse im Erdboden versinken. Mein alter Onkel kletterte auf einen Baum. Ich überlegte, ob ich mich aus dem Staub machen sollte, doch dann ging eine Veränderung durch die Menge. Alles wurde still. Ganz deutlich konnte ich eine Stimme hören: „Zachäus, komm runter von diesem Baum. Ich will heute mit zu dir nach Hause kommen."
Dann ging alles ganz schnell. Mit einem Satz sprang Zachäus vom Baum. Was war da passiert? Ich quetschte mich durch die Menschenmenge und sah endlich meinen Onkel über das ganze Gesicht grinsend. Und da stand auch der andere, das musste Jesus sein. Er lächelte und hatte die eine Hand auf die Schulter von meinem Onkel gelegt. So, als ob er ihn schon lange kennen würde. Alle Leute starrten die beiden an.
Jesus schien das nichts zu stören. Munter folgte er meinem Onkel durch die Menschenmenge. Ich konnte es nicht fassen. Der wollte tatsächlich zu uns nach Hause kommen. Jesus - dieser berühmte Mann Gottes, der soviel wusste. Wusste er dann nicht, dass Zachäus schon lange nichts mehr mit Gott am Hut hatte? Dass wir zuhause noch nicht einmal vor dem Essen beten? Darüber dachte ich nach.
Als ich mich zu Jesus umdrehte, um ihn heimlich zu beobachten, schaute er mir direkt in die Augen, grinste und in dem Moment spürte ich: „Der weiß, was ich denke. Wie unangenehm!" Doch Jesus lachte nur auf, packte meine Hand und ließ sie nicht mehr los. Ich begann gerade, mich wohl zu fühlen, da passierte es. Ein Mann stellte sich uns in den Weg. Er würdigte Zachäus keines Blickes, sondern redete auf Jesus ein: „Wie kannst du nur? Weißt du denn nicht, dass dieser Mann ein Sünder ist? Er gehört nicht zu uns, er glaubt nicht an Gott, er hält sich nicht an die Gebote Gottes. Er ist schlecht, ein schlechter Mensch. Etliche Familien hat er schon in die Armut getrieben. Er ist nichts wert. Gott hat ihn schon längst verstoßen."

Oh nein! Mich packte die Verzweiflung. Gleich lässt er meine Hand los und geht wieder weg, weil er das alles nicht von meinem Onkel wusste. Er wird uns wieder verlassen, weil wir nicht gut genug sind. Doch Jesus packte meine Hand nur noch fester und schaute Zachäus an.
Der erhob die Stimme: „Er hat ja Recht. Ich habe bisher eigentlich alles in meinem Leben falsch gemacht. Ich bin ein sündiger Mensch und kann mich vor Gott nicht entschuldigen. Ich bin es nicht wert, du hast Recht, Mann. Aber eins kann ich tun.“ Und er wandte sich an Jesus: „Herr, die Hälfte von meinem ganzen Vermögen gebe ich den Armen und wem ich zuviel Geld abgeknöpft habe, dem gebe ich es vierfach zurück.“
Mir klappte die Kinnlade runter. Damit hätte ich bei meinem Onkel nicht gerechnet. Dem war bisher das Geld immer das wichtigste im Leben gewesen. Und jetzt gab er es einfach her. Was wurde nun aus meinem Kleid?
„Ha!“ machte Jesus. „Das ist gut. Heute bin ich zu Zachäus gekommen, bei ihm zuhause wollte ich sein, denn auch er ist ein Kind Gottes. Das muss gefeiert werden.“
Mit diesen Worten ließ er die verblüffte Menschenmenge stehen und ging mit uns nach Hause. Wir feierten ein Riesenfest bis alle müde ins Bett fielen.
Weit nach Mitternacht lag ich aber immer noch wach im Bett und machte mir meine Gedanken. Dieser Jesus ließ mich nicht los, obwohl wir uns schon lange nicht mehr an der Hand hielten. Alles war jetzt anders. Am allermeisten mein Onkel. Wie ist das alles nur soweit gekommen? Ich stand auf und schlich zum Bett von Zachäus. Ich rüttelte ihn wach und sagte: „Ich muss mit dir reden.“ Ohne zu zögern und zu motzen stand er auf und wir setzten uns an den Kamin.
Ich fing an: „Onkel Zachäus, ich versteh das alles nicht ganz. Warum hast du das alles gemacht?“
„Tja, Hanna, ich weiß selber nicht genau, was mich getrieben hat. Ich wusste nur, dass Jesus meine einzige Chance ist, dass etwas anders wird in meinem Leben. Erinnerst du dich noch, als dieser Mann mich auf der Straße gepackt hat, mich bedroht hat, weil er wegen mir sein Geschäft verkaufen musste? Mir wurde klar, was ich eigentlich schon lange wusste, aber nicht wahrhaben wollte: Dass ich armselig bin, auch, wenn ich noch soviel Geld habe. Dass ich ein Niemand bin, der sich hinter schönen Kleidern und einer großen Klappe versteckt. Keiner mochte mich und daran war ich alleine Schuld und kein anderer. Als ich von dir hörte, dass Jesus in die Stadt kommt, wollte ich es wissen, wissen, wer er ist, wie er aussieht, was er sagt. Dass er mich da oben auf dem Baum sieht, damit hätte ich überhaupt nicht gerechnet. Ich war total verunsichert und habe mir echt überlegt, ob ich ihn nicht einfach ignorieren soll. Aber als er meinem Namen sagte, da wollte ich nur noch eins: Mit ihm zusammen sein.“
Ich dachte darüber nach. Das war schon ein cooler Anfang und Zachäus war augenscheinlich ein neuer Mensch geworden. Aber, was war jetzt?
„Wie soll es denn jetzt weitergehen?“ fragte ich ihn deswegen.

„Nun“ meinte Zachäus, „ich werde zuallererst gleich morgen mein Versprechen einlösen. Dann werde ich weiterhin als Zöllner arbeiten, das ist schließlich mein Beruf. Da wird sich nicht viel ändern. Aber ab jetzt will ich gerecht sein, ich will niemanden mehr betrügen und vor allen Dingen gehöre ich ab jetzt zu Jesus. Ich schätze, ich werde nicht zum beliebtesten Bürger der Stadt gewählt, aber ich hoffe ehrlich gesagt, dass es die eine oder andere Familie gibt, die auch an Jesus glaubt und dass wir uns vielleicht zusammentun können. Das wäre schön, denn dann wären wir nicht so allein.“

Das war tatsächlich was ganz anderes als bisher. Von heute auf morgen. Mir war ganz schummerig und ich konnte selber kaum glauben, was ich dann sagte: „Sagen wir mal, ich will auch dazugehören. Was muss ich dann tun? Meine ganzen Kleider verkaufen, mein Taschengeld abgeben?“

Zachäus lachte. „Nur wenn es dir ein Bedürfnis ist, liebe Hanna. Jesus hat nichts dergleichen von mir verlangt und er verlangt es nicht von dir oder sonst einem Menschen. Das einzige, was er will, ist, bei dir, bei allen Menschen zuhause einzukehren. Als mir das klar wurde, wollte ich nicht länger ein Betrüger sein, ich wollte etwas ändern. Ich. Erinnerst du dich. Jesus hat kein Wort dazu gesagt!“

„Stimmt!“ Ich erinnerte mich. „Und, ähm, das kann ich also auch tun, was du gemacht hast? Einfach so? Jesus reinlassen?“

Und mein Onkel Zachäus sagte: „Was glaubst denn du?“

Text: Lukas 19,1-10: Der reiche Bernd

Thema: Von Menschen ausgegrenzt, von Jesus gesehen

Zielgruppe: Jugendliche, größere Kinder

Methode: Erzählung verfremdet

Hey, Bernd! Komm runter von dem Baum. Das ist ja peinlich. Du machst dir noch deine feinen Kleider schmutzig. Da wird der Herr Vater Bankdirektor aber wütend werden.
Andreas und Oliver tauschten unter dem Baum Blicke aus: Wie immer. Dieser kleine Wurm wollte eine Extrawurst haben.
Vergiss es, Bernd! Diesmal erreichst du nichts mit deinem komischen Verhalten. Aber Papi gibt dir bestimmt wieder einen Haufen Geld, damit du dir was Schönes kaufen kannst.
Die beiden Freunde unter dem Baum grinsten sich an. Geld reicht halt nicht immer aus.
Siehste, Bernd! Diesmal reicht es nicht aus, der Sohn vom Herrn Bankdirektor zu sein. Eine Rolle bei dem Theaterstück für Weihnachten kann man sich halt nicht erkaufen. Komm doch runter, du Pflaume.
Nein, sagte Bernd. Er schaute immer in dieselbe Richtung am Horizont, so, als warte er auf ein großartiges Ereignis.
Mann, Bernd, ist das peinlich. Wie immer. Weißt du noch beim Ausflug im Mai, Andreas? Hahaha! Da war der kleine Bernd auf einmal weg. Und nur, weil die Leute ihn nicht durchgelassen haben, damit er im Zoo die Elefanten sehen kann. Pech! Groß sein kann man sich halt auch nicht erkaufen. Oder sportlich sein. Oder dazugehören. Nicht wahr, Bernd? Hey, Bernd! Glaubst du, du siehst da oben die Elefanten? Hahaha!
Nein, sagte Bernd.
Mensch, Bernd, jetzt sag schon. Was machst du da oben. Vielleicht kommen wir dann auch hoch und leisten dir Gesellschaft. Oder dürfen wir vielleicht gar nicht? Ist der Baum für dich reserviert, ja? Na, auch nicht so schlimm. Können wir drauf verzichten, was Andreas? Ist sowieso langweilig. Viel Geld hat er, aber keinen Mumm.
Hey, Bernd. Oder schaffst du es nicht alleine herunter? Sollen wir Papi rufen, damit er dich mit der Feuerwehr rettet?
Nein, sagte Bernd.
Mann, Bernd, du machst dich ja lächerlich. Du willst doch wohl nicht ewig da oben bleiben.
Nein, sagte Bernd. Ich warte auf den Mann, der Zachäus vom Baum geholt hat. Ich bin so wie er, also wird der Mann mich auch von meinem Baum holen.
Die anderen beiden waren sprachlos.

Da hörte Bernd die Stimme aus weiter Ferne im Inneren seines Herzenslandes: „Bernd, komm schnell herunter. Denn ich muss heute in deinem Haus zu Gast sein.“

Da stieg er schnell herunter und nahm Jesus freudig bei sich auf.

Die anderen beiden blieben stehen und wurden nicht anders.

Bernd wurde anders.

Text: Lukas 24,13-35: Gott ist näher als du denkst - Die Emmausjünger

Thema: Enttäuschung, Überraschung im Glauben, Neuanfang

Methode: Erzählung mit Fußspuren (*aus Pappe) oder richtige Schuhe. Diese werden entsprechend der Erzählung bewegt: Langsam vorwärts, immer wieder einhaltend und dann schnell zurück.*

Der Schock saß ihnen noch in den Knochen als sie sich auf den Heimweg machten. In ihren Köpfen regierte das Chaos. Sie redeten miteinander, um es in den Griff zu kriegen. Über alles, was ihnen in den Sinn kam. Über die Vergangenheit. Über die Zukunft. Über Unsinniges und Unwichtiges. Bloß nicht über die Gegenwart. Denn die war nichts mehr wert. Wie soll es auch anders sein, wenn sich alle deine Hoffnungen zerschlagen. Wenn alles, wovon du geträumt hast wie eine Seifenblase platzt. Wenn durch das, was du dir für die Zukunft vorgenommen hast, ein dicker schwarzer Strich gezogen wird.

Sie redeten miteinander. Den Frust konnten sie damit loswerden. Aber sie bekamen nichts zurück. Sie waren zu zweit allein.

Da kam ein dritter hinzu. Ein Fremder. Sie erkannten ihn nicht. Er sprach sie an: „Wovon redet ihr?"

Sie blieben traurig stehen. „Ja, hast du es noch nicht mitbekommen? Wo kommst du denn her?"

„Was denn? Erzählt es mir!"

Und dann sprudelte es nur so aus ihnen heraus: „Wir haben drei Jahre wie im Rausch gelebt. Wir trafen damals einen Mann, der genau das aussprach, was wir dachten. Er redete von Freiheit, von Hoffnung auf Zukunft, von Gleichheit unter den Menschen und von Israel, dem befreiten Israel. Die Knechtschaft sollte ein Ende haben. Er wehrte sich gegen das Diktat von oben. Er trat den heuchlerischen Kirchenführern entgegen und sagte ihnen seine Meinung. Er deckte Ungerechtigkeit auf. Er war unser... Held! Bei ihm spürten wir Feuer. Da kam was in Gang. Der Alltag war nicht mehr öde. Wir hatten das Gefühl, endlich nicht mehr alleine zu sein. Er hatte das Leben fest im Griff. Er hat uns Mut gemacht. Unser Leben hat sich verändert. Gott wurde mit ihm zur Realität. Kein Richter auf dem Himmelsthron, sondern ein Vater, ein Freund. Wir haben ihm geglaubt, ja, wir haben an ihn geglaubt. Aber dann ist er zu weit gegangen. Als großen Mann Gottes haben ihn die meisten noch akzeptiert. Doch es kam das Gerücht auf, er sei der Sohn Gottes, der Messias, der von Gott Gesandte, der Einzigartige, vor dem niemand war und nach dem niemand mehr kommen wird. Der Erlöser der Welt. Das war dann doch zuviel des Guten. Das konnten, das wollten sie nicht glauben.

Sie haben ihn umgebracht, die hohen Tiere in Politik und Kirche. Er ist tot. Die Römer haben gesiegt. Wir sind immer noch nicht frei. Jesus hat nicht Recht gehabt. Und Gott? Pah! Wenn es ihn überhaupt gibt, dann will er mit uns nichts zu tun haben. Er meint es nicht gut mit uns. Er bestraft

uns, ja, das tut er. Seine Liebe, wie Jesus gesagt hat, seine Liebe für uns ist bloße Wunschvorstellung. Meine Hilfe kommt von Gott? Nein, wir müssen uns selber helfen. Wenn es dir schlecht geht, musst du dafür sorgen, dass es wieder besser wird. Wir sind auf uns selber gestellt in diesem Leben. Letztendlich! Was ist das für ein Gott, der uns alles genommen hat?
Hinzu kommt noch das Gerede von einigen Frauen. Sie waren an seinem Grab. Aber sie sagten, er sei nicht da gewesen. Stein weggerollt, Engel, Licht, stotterten sie und „Er lebt!" Gesehen haben sie ihn natürlich nicht. Sentimentales Weibergeschwätz. Wie soll denn das gehen? Mag sein, dass Jesus davon geredet hat. Aber wenn er uns noch nicht einmal von den Römern befreien kann, wie soll er dann den Tod besiegen? Die Einsamkeit, die Panik vor dem Nichts, die Angst vor dem Dunkel? Ich verstehe das nicht. Sollen die letzten Jahre umsonst gewesen sein? Haben wir an ein Hirngespinst geglaubt? War das alles bloß ein Scherz?"
Der Fremde schaute zurück auf den Weg, so als ob er dem Geschehenen nachsann.
„Ihr ward drei Jahre mit ihm zusammen, sagt ihr?"
„Ja!"
„Drei Jahre? Und ihr habt nichts begriffen von dem, was er gesagt und getan hat? Drei Jahre und ihr könnt seinen Worten nicht glauben? Drei Jahre kanntet ihr ihn und ihr könnt ihm nun nicht vertrauen? Ist es soweit mit euch gekommen? Hat die Angst euch wieder im Würgegriff? Ihr begreift es nicht. Ihr könnt es nicht glauben, nicht wahr, dass dieser mehr besiegt hat als nur die Römer. Hat er nicht gesagt, er würde wieder kommen? Hat er nicht gesagt, dass er euch hilft? Hat er nicht versprochen, euch zur Seite zu stehen? Mit euch zu gehen durch Dick und Dünn? Ihr seid nicht eurem Schicksal ausgeliefert. Der Tod hat nicht das letzte Wort über euer Leben. Stand es nicht in den alten Büchern so geschrieben? Haben es nicht die Propheten vor langer Zeit voraus gesagt? Warum glaubt ihr es bloß nicht? Ihr habt es doch gehört und gesehen. Spürt ihr nicht in eurem Herzen, dass das alles wahr ist und keine Lüge? Was ist mit euch los?"
Und er erinnerte sie an alles. Er erzählte ihnen die alten Geschichten von Gott. Er sprach von den vielen Menschen, die durch die Jahrhunderte diesem Gott vertraut haben. Er erklärte ihnen das Handeln Gottes in dieser Welt. Sie hörten aufmerksam zu und nahmen alles in sich auf. Es erinnerte sie an etwas, ganz tief in ihrem Inneren, sie wussten nicht genau, an was, aber in ihrem Herzen wurde eine Sehnsucht wach, eine Sehnsucht nach mehr von diesen Worten.
Sie kamen an ihr Ziel. Es war schon spät. Der Fremde wandte sich zum Gehen.
Die beiden Männer hielten ihn zurück: „Bleib bei uns. Der Tag geht dem Ende zu. Es ist schon spät."
Der Fremde bleibt. Sie setzen sich an den Tisch. Er nimmt das Brot, dankt dafür, bricht es auseinander und gibt jedem ein Stück. Als sich ihre Finger berühren, schauen sie ihn an. Sie erkennen und verstehen. Jesus! Er verschwindet vor ihren Augen. In ihren Herzen bleibt er.

Es ist ganz still. Sie sehen sich an.

Der eine sagt: „Ich habe es gespürt, aber konnte es nicht begreifen. Ich war wie blind, doch nun habe ich ihn gesehen.“

Der andere steht abrupt auf. Er läuft schon zur Tür und ruft: „Der Herr ist auferstanden. Er ist wahrhaftig auferstanden.“

Sie laufen zurück, den ganzen Weg. Sie müssen es den anderen erzählen.

Im Sand sehen sie, vom Mondlicht erhellt, ihre Fußspuren. Und daneben auch seine!

Text: Johannes 1,14: Fleischskandal - Das Wort ward Fleisch

Thema: Das Wort Gottes meint uns

Zielgruppe: Jugendliche

Methode: Andacht

Für manche ist das ein echter Fleischskandal, z.B. für König Herodes. Da soll einer kommen, der ihm seinen Platz streitig machen will, einer von dem er befürchtet, dass er ihn vom Thron stößt.
Ein Fleischskandal, auch für manche Schriftgelehrten und Pharisäer, weil Gott nicht als der erwartete Heilige und Hocherhabene kommt, sondern, wie ein paar verrückte Penner und Ausländer behaupten, als ein kleines und armes Kind in einem Stall.
Für viele Menschen heute weltweit ein Fleischskandal, dass Gott sich niedrig macht, schwach wird, sich mit armen und kranken Menschen solidarisiert, sich 100% auf ihre Seite stellt.
Bedauerlicherweise ist er nicht das lichtumflutete Christkind, das alle Jahre wieder kommt, so dass es einem in der kalten Jahreszeit ganz warm ums Herz wird.
Ein Skandal ist, dass wir das Fleisch oft nicht als das erkennen, was es ist: Das Wort Gottes, in dem Gott uns sein ganzes Herz in der Krippe vor die Füße legt.
Das Wort wurde Fleisch, ganz und gar, nicht nur so als ob. In der Krippe bekommt es Händchen und Füßchen.
Ein Skandal, wenn wir andere davon ausschließen wollen, von denen wir glauben, dass sie nicht rechtens sind. Aber Gott verschenkt sein Herz an alle, ohne Ausnahme.
Eigentlich unglaublich. Gerade in dieser schwachen Position eines hilflosen Kindes erstrahlt die Herrlichkeit Gottes in voller Pracht. Gott wird anders als erwartet sichtbar. Er sprengt alle gängigen Bilder von Gottesmacht und -größe. In der Krippe geschieht die Umkehrung aller menschlichen Maßstäbe. Ist das nicht herrlich? Was ist das für ein großer Gott, dass ihm die Krippe nicht zu mickrig ist?
Gottes Herrlichkeit, seine Großartigkeit und Gewichtigkeit sucht sich keine große Bühne vor hoch verehrtem Publikum, um zu zeigen, was in ihm steckt. Er macht sich nicht wichtig, weil er wichtig ist, für Maria und Josef, Hirten, Ausländer, Ottonormalverbraucher, Ochs und Esel.
Gottes Herrlichkeit ist nicht unerträglich, sondern sichtbar, wenn das kleine Baby uns aus der Krippe heraus selig anstrahlt. Wie könnte man da nicht selig zurück lächeln und es glauben, dass Gott herrlich, groß und gnädig ist.
Gottes Herablassung hat nichts gemein mit mancher Herablassung hoher Herren und Damen.
Macht, Glanz und Größe interessieren dieses Kind in der Krippe nicht. Nähe, Wärme und Muttermilch sind Dinge, die das Kind will und braucht.

Der Gott Abrahams, Isaaks und Jakobs, Saras, Rebekkas, Leas und Rahels, der Gott schwacher und fehlerhafter Männer und Frauen, hat sich herabgelassen in eine Welt, die dunkel ist.
Er hat sich gebettet auf Stroh und rauem Leinen und setzt sich aus. Den Blicken derer, die ihm Freund, aber auch den Blicken derer, die ihm Feind sind. Er hält es aus, aus Liebe. Er hält es aus, denn die Gnade nimmt Gott nicht zurück. Das ist die Wahrheit in Windeln.

Text: Johannes 6,1-15: Gottes Platzanweiser sein – Die Speisung der 5.000

Thema: Verantwortung übernehmen und Tolles erleben

Zielgruppe: Mitarbeitende

Methode: Anspiel: *Philippus erzählt seine Erlebnisse in einem Brief an seine Eltern. Gern auch als kleines monologisches Anspiel. Eine verkleidete Person sitzt vorne mit Stift und Papier und schreibt immer wieder während sie erzählt.*

Hallo, ihr Lieben!
Sorry, habe lange nichts mehr von mir hören lassen, aber hier war soviel los. Nun will ich diese ruhige Stunde nutzen, um euch das Neueste zu berichten.
Gerade heute muss ich oft an euch denken, wie wir zu dieser Zeit immer zusammen das Passahfest gefeiert haben. Es war immer so schön, die Geschichte zu hören wie Mose die Israeliten durch das Schilfmeer geführt hat in die Freiheit. Liebe Eltern, ich weiß, wie wichtig euch diese alten Geschichten sind, deswegen werdet ihr vielleicht Schwierigkeiten habe, zu glauben, was ich euch jetzt schreibe.
Ihr wisst ja sicher noch, wie stolz ich damals war, als Jesus mich ausgesucht hatte, ihm zu folgen. Das war für mich wie ein Wunder. Ich fühlte mich als etwas Besonderes und meinte, dass ich wirklich von Nutzen sein kann für Jesus.
Dummerweise habe ich heute das erste Mal in meinem Leben so richtig versagt. Ich bin jetzt noch ein wenig von mir selber enttäuscht. Wenn Jesus nicht da gewesen wäre, dann... davon aber später. Jetzt der Reihe nach.
Massenhaft Leute waren Jesus gefolgt. Alles drängte sich zusammen, jeder wollte möglichst nah an Jesus ran. Die Leute hättet ihr sehen sollen: Die waren völlig heruntergekommen. Traurig, trostlos und hungrig. Keine besonders repräsentative Gruppe. Sie sahen so aus, als ob sie Wunder was von Jesus erwarten. Der blieb ganz locker. Ich wurde immer nervöser. Ich hoffte, dass Jesus endlich einsehen würde, dass diese Leute lästig werden könnten und dass er sie nach Hause schicken musste. Ich hatte einfach ein bisschen Bammel, dass es zu Ausschreitungen kommen könnte. Es ist schon so manch einer mit hungrigem Magen aggressiv geworden. Ich musste was tun, sonst ginge bald alles drunter und drüber. Ich also hin zu Jesus und wollte ihm gerade ein gutes Konzept vorschlagen, wie wir die Leute wieder geschickt loswerden könnten. Da schaute Jesus mich an und meinte, als ob das gar kein Problem wäre: „Philipp, wo kriegen wir um diese Uhrzeit noch was zu Essen für alle diese Leute her?“
Das war die falsche Frage. Ich wollte nichts zum Essen kaufen, ich wollte diese Leute nach Hause schicken. Ich also zu Jesus: „Tja, wir haben 200 Münzen, aber die werden wohl kaum reichen, dass jeder auch nur ein bisschen bekommt.“ Und ich dachte: Dann ist auch unser ganzes Geld weg. Jetzt

sag endlich, dass ich sie wegschicken soll. Besser noch, tu es selber. Wir haben schon genug für die getan.
Ja, so dachte ich und das, obwohl ich schon ein paar mal erlebt hatte, dass sich Jesus voll und ganz um die Leute kümmert, die zu ihm kommen. Aber das hatte ich in dem Moment vergessen. Mattscheibe. Ich sah nur diese riesige Aufgabe.
Ich merkte, dass Jesus mit meiner Antwort nicht so ganz einverstanden war und ich hatte auch das dumpfe Gefühl, dass er mich durchschaute. Glücklicherweise kam mir in dem Moment der Andi zur Hilfe. Erinnert ihr euch noch, der Bruder von Simon, dem Fischer.
Etwas zurückhaltend, der Andi, aber wenn er was sagt, dann hat es Hand und Fuß. Diesmal dachte ich allerdings, der tickt nicht richtig. Er zog einen kleinen Jungen heran, dreckig und abgerissen, hatte noch nicht mal Sandalen an. Der hatte ein paar Knäckebrote und getrocknete Fische dabei. Andi meinte: „Hier, der hat was. Allerdings ist das ja nichts für so viele."
Was redete der da für einen Blödsinn. Merkte der denn nicht, dass er sich lächerlich machte? Das könnte ja nur peinlich werden, wenn die ersten drei was bekommen und der Rest durfte zusehen.
Ja, liebe Eltern, und dann war der Punkt erreicht, wo ich mein Versagen so klar erkannte, als hätte mir jemand einen deutlichen Brief darüber geschrieben. In dem Moment dachte ich, ich müsste sofort meine Koffer packen, weil ich es nicht wert bin, ein Jünger von Jesus zu sein. Im Nachhinein bin ich froh, dass es so gekommen ist, sonst hätte ich wohl niemals gelernt, was Jesus meint.
Der holte uns Zwölfe zusammen. Er sagte zu uns allen, auch zu mir: „Geht zu den Leuten und zeigt jedem einen gemütlichen Ort zum Sitzen. Jeder soll genug Platz haben, um seine Beine auszustrecken. Die Leute sollen es bequem haben, o.k.?"
Liebe Eltern, ich sehe euch vor mir, wie ihr die Stirn runzelt und ich sage euch, mir ging es nicht anders. Mir war völlig schleierhaft, wie Jesus es schaffen würde, sich um alle diese Leute zu kümmern. Mit diesen kläglichen Mitteln. Aber gut. Ich war ja schon froh, dass ich noch mit von der Partie war, deswegen sagte ich nichts und ging zu den Leuten. Die waren eigentlich alle ganz nett und gar nicht unverschämt. Sie warteten einfach ab, was passieren würde. Ich sorgte dafür, dass alle ausreichend Platz hatten und keiner zu weit weg war oder nichts sehen konnte. Manche fragten auch schon, was denn nun passieren würde. Da ich das selber nicht so genau wusste, konnte ich ihnen nur Mut machen, dass Jesus die Sache schon im Griff hat. Ich muss aber wirklich zugeben, so sicher war ich mir dabei nicht.
Jesus aber nahm die Brote, dankte und gab sie denen, die sich gelagert hatten, dergleichen auch von den Fischen, soviel sie wollten.
Soviel sie wollten. Ja, ihr habt richtig gelesen, obwohl ich es euch jetzt nicht logisch erklären kann. Alle wurden satt. Ich hatte mir die ganze Zeit darüber den Kopf zerbrochen, wie ich für diese Leute

sorgen sollte, noch schlimmer, wie ich es hinbekommen würde, dass ich nicht für sie sorgen musste und Jesus hat es einfach getan.

Ich habe meine Lektion gelernt: Dass ich nur die Probleme gesehen habe, aber nicht die Möglichkeiten von Jesus. Dass ich mich alleine verantwortlich gefühlt habe und gar nicht auf die Idee gekommen bin, dass Jesus ja auch noch da ist, dass ihm selber diese ganzen Leute am Herzen liegen und er sie deswegen nicht leer ausgehen lässt. Und dass ich wirklich kleinlich bin, er aber trotzdem mit mir was anfangen kann. Er hat aus wenig viel gemacht und mit diesen mickrigen Dingen Tausende von Leuten versorgt.

Gut, es war kein opulentes Mahl, aber dafür war es ein Freudenmahl. Bei vielen Männern und Frauen habe ich Tränen über die Wangen laufen sehen als sie das Essen von uns entgegen nahmen. Die Kinder in ihren abgerissenen Kleidern veranstalteten einen Freudentanz um Jesus herum. Und ich war überglücklich. Glücklich, weil Jesus so gut zu uns ist, weil er den Überblick behält, wo ich selber völlig überfragt bin. Ich bin glücklich, dass ich zu ihm und keinem anderen gehöre und dass ich sein Platzanweiser sein darf, obwohl ich vorher so versagt habe.

Als ich da so stand und die ganze Szene beobachtete, die vielen Menschen, die nichts haben, da wusste ich ganz sicher: Jesus hat ihnen, er hat mir, mehr gegeben als ein bisschen Knäckebrot und trockene Fische. Morgen wird den Leuten wieder der Magen knurren, doch viele von ihnen werden nach wie vor satt sein, satt mit Freude über das, was ihnen passiert ist und wem sie da begegnet sind. Satt mit Hoffnung, dass Gott sie angesehen hat und bei ihnen ist. Satt mit Zuversicht, dass Jesus greifbar nah bleibt, auch, wenn er weiterzieht.

Liebe Eltern, ich weiß, dass es für euch sehr schwer ist, zu verstehen und noch schwieriger, es zur glauben. Doch ich habe es gesehen und kann es bezeugen und ihr wisst, dass ich euch niemals anlügen würde. Begreift ihr, was ich euch sagen will? Jesus ist nicht nur ein guter Mann Gottes mit lobenswerten Charaktereigenschaften und ausgezeichneten Fähigkeiten. Er ist der, auf den wir schon immer gewartet haben, der, den wir jedes Jahr beim Passahfest erwarten. Er ist gekommen, der von Gott gesandte Erlöser der Welt.

Was genau das bedeutet, weiß ich selber noch nicht. Ich weiß nur, dass ich damals die richtige Entscheidung getroffen habe, mit ihm zu gehen, weil er mein Leben reich macht und mir alles gibt, was ich zum Leben brauche.

Ich hoffe, dass wir uns bald wieder sehen und ich mit Jesus zusammen eurer Haus besuchen darf.

Alles Liebe. Euer Sohn Philippus.

Text: Johannes 8,1-11: Steinige Begegnung - Jesus und die Ehebrecherin
Thema: Schuld, Vergebung, Heuchelei, echt sein
Zielgruppe: (Junge) Erwachsene, Mitarbeitende
Methode: Erzählung mit Gegenständen

Unterschiedliche kleine Steine liegen auf einem Tisch. Zeit zum Betrachten. Jede und jeder nimmt einen Stein in die Hand.

Steine leben von kurzen Begegnungen. Ein Fußtritt. Ein Wurf ins Wasser. Wenn er Glück hat auch ein Anmalen im Kindergarten. Kleine Steine werden im Meer hin- und hergespült. Große Steine liegen jahrelang im Flussbett. Backsteine liegen auf der Baustelle und werden übereinander geschichtet zu einer Mauer.
Steine werden ins Wasser geworfen oder durch Fensterscheiben hinein. Ausländer raus. Ihr seid hier nicht erwünscht. Macht, dass ihr wegkommt, sonst gibt's Saures. Dieses Pack muss gepackt werden. Und bist du nicht willig, so brauch ich Gewalt. Mit Steinen! Oh, diese Unruhestifter. Dieser Haufen von Fremdlingen, die die Straßen unsicher machen.
Wie diese Frau ohne Namen. Dafür aber mit viel Vergangenheit. Muss man da noch viel sagen? Unmöglich. Und so was begegnet unseren Kindern auf der Straße. Was ist mit unseren jungen Mädchen? Von den jungen Männern ganz zu schweigen! Nein, so geht das nicht. Da muss etwas unternommen werden. Was ist mit der Stadtverwaltung? Die Polizei, dein Freund und Helfer, die Kirche, der Staat? Die tun doch gar nichts mehr für unser Wohl. Da müssen wir wohl selber. Selbstjustiz. Zivilcourage. Da nehmen wir die Dinge besser selber in die Hand. Da nehmen wir die Steine in die Hand. Los, zerrt sie vor das Tor. Stellt sie an die Wand! Macht ein Ende mit diesem Sündensumpf. Diese Frau ist eine Schande für unsere Stadt. Das können wir nicht länger dulden. Hände heben sich. Nicht zum Gruß, sondern zur Faust. Diese Fäuste sind nicht leer. Steine. Große Steine. Gesichter. Wütende Gesichter. Verzerrte Fratzen, böse Blicke, tobende Körper. Männer, Frauen, Kinder.
Und einer, der im Sand sitzt und nicht zuschaut. Einer, der im Sand sitzt und malt. Einer, der im Sand sitzt und nichts tut. Nichts sagt. Nicht eingreift. Nicht mitmacht.
Die Steine verharren, die Blicke sind auf ihn gerichtet. Warum macht dieser nicht mit? Warum hat er keinen Stein in der Hand? Was soll dieses Gekritzel?
„Rabbi! Sieh her! Diese Frau verdirbt unsere Kinder. Sie ist eine Gefährdung für die Öffentlichkeit. Sie entstellt unser Stadtbild. Die Gesetze verbieten derartiges Verhalten. Wir sind im Recht! Es ist unser gutes Recht, etwas für die Sicherheit unserer Stadt, unserer Kinder zu tun. Das ist doch unser Recht! Gott steh uns bei! Solche Frauen müssen gesteinigt werden! Was sagst du dazu?"

Der Rabbi bückt sich und nimmt einen Stein. Die Masse hält den Atem an. Gleich wird das Urteil gesprochen. Gleich wird das Gesetz vollzogen.
Und der Rabbi malt.
„Rabbi, nun wirf schon. Zeig, dass du auf unserer Seite bist. Zeig, dass du unser Held bist. Zeig, dass du diese Welt veränderst! Zeig, dass du die Gerechtigkeit aufrichtest!“
Und der Rabbi richtet sich auf. Den Stein in der Hand. Atemlose Blicke!
„So einer von euch ohne Sünde ist, der werfe den ersten Stein. So einer von euch immer alles richtig macht, der werfe den ersten Stein. So einer von euch auch den liebt, der ihn nicht liebt, der werfe den ersten Stein. So einer von euch geduldig ist mit dem schwachen Nachbarn, mit dem langsamen Kollegen, mit der alten Mutter, der werfe den ersten Stein. So einer von euch keine bösen Gedanken hegt gegen den, der etwas besser kann als du selber, der werfe den ersten Stein. So einer von euch nicht neidisch ist auf den, der mehr Geld hat, ein größeres Haus, mehr Freunde, der werfe den ersten Stein. So einer von euch nicht den verurteilt, der anders denkt und handelt, der werfe den ersten Stein. So einer von euch vollkommen ohne Fehler ist, der werfe den ersten Stein.“
Und der Rabbi besah seinen Stein. - Und warf ihn. Auf den Boden.
Stummes Schweigen liegt über der Masse. Blicke senken sich zum Boden und suchen eine Antwort im Sand, die sie bestätigt. Doch nichts. Nichts außer dem Gekritzel des Rabbis: So einer unter euch ohne Sünde ist, der werfe den ersten Stein. Feste Fäuste werden locker. Steine prallen zu Boden und geben Zeugnis von harten Herzen, die gefallen sind. Staub wirbelt auf und vernebelt das menschliche Versagen. Aus! Aus der Traum von der Selbstgerechtigkeit. Schluss mit der Illusion der Selbstjustiz. Ende mit der Selbstverherrlichung.
Ein Anfang !
Jesus blieb allein zurück mit der Frau, die noch in der Mitte stand. Er richtete sich auf und sagte zu ihr: „Frau, wo sind sie geblieben? Hat dich keiner verurteilt?“
Sie antwortete: „Keiner, Herr!“
Da sagte Jesus, der Sündlose zu ihr: „Auch ich verurteile dich nicht. Geh und sündige hinfort nicht mehr!“

Text: Johannes 20,24-29: Ein gläubiger Zweifler - Thomas

Thema: Zweifel sind erlaubt

Zielgruppe: Jugendliche, Erwachsene, Mitarbeitende

Methode: Erzählung

Nach einem langen Tag auf den Beinen näherte er sich dem Haus seines Freundes. Wieder war ein Tag dahin gegangen, ohne dass er Arbeit gefunden hatte. Er war auf Arbeitssuche, nachdem seine vorherige Tätigkeit gekündigt worden war. Menschenfischer, das war der Sinn seines Lebens gewesen. Aber der, der ihm Kraft dafür gegeben hatte, war nicht mehr. Er hatte ihn verlassen. Er stand vor dem großen NICHTS.

Nun wollte er in seinen vorherigen Job zurück, aber das war nicht so einfach. Der Arbeitsmarkt war ausgeschöpft. Nach so einer langen Zeit wieder neu im Alten anfangen? Unmöglich! Er war frustriert, ausgepowert, am Ende.

Nun freute er sich auf einen Abend mit seinen Freunden. Nur das gab ihm zur Zeit Kraft und Sinn. Wären seine Freunde nicht gewesen, hätte er nicht gewusst, was tun. Die Tür wurde ihm geöffnet und er trat ein. Die anderen starrten ihn stumm an. Was war da passiert? Fragend schaute Thomas zurück. „Wir haben den Herrn gesehen!“ sagte Petrus.

Thomas musste das erstmal verdauen. Die anderen hatten Jesus gesehen, und er nicht? Zu den anderen ist Jesus gekommen, aber zu ihm nicht? Maria von Magdala hatte er sich auch schon gezeigt, aber ihm nicht? Was sollte das? Warum tat Jesus ihm das an? War nicht auch er einer seiner engsten Freunde? Wie sollte er Jesus je wieder voll und ganz vertrauen können, wenn er ihm, Thomas, jetzt nicht selber begegnete? Wie sollte er Jesus glauben können, wenn er sich jetzt vor ihm verbarg? Wie konnte Jesus ihm das vorenthalten, was die anderen mit Freude erfüllte?

Noch nie hatte er sich so allein und verlassen gefühlt von dem, der ihm mal am nächsten war. Wo war Jesus jetzt?

Thomas schaute sich um, blickte sehnsüchtig auf die Tür. Aber sie blieb verschlossen.

Resigniert drehte der sich zu den anderen: „Ich kann es nicht glauben, wenn ich es nicht mit eigenen Augen sehe und mit eigenen Händen fasse. Ich will Jesus selber sehen und anfassen, sonst kann für mich nicht wahr werden, was ihr gesehen und erlebt habt.“

Thomas ist nicht wütend, aber traurig. Er ist nicht neidisch, aber enttäuscht. Nicht ungläubig, aber auch nicht gewiss. Doch genau das will er: Er will sich selber gewiss sein. Er ahnt, dass sein Glaube sonst keinen Bestand haben wird im Auf und Ab des Lebens, in Sicherheit und Gefahren, in Glück und Leid.

Thomas bleibt bei den anderen. Dort fühlt er sich am sichersten. Zwar fühlt er sich ausgegrenzt, merkwürdig fehl am Platz, er gehört nicht mehr dazu. Aber die anderen fangen dies mit ihrer

Zuneigung auf. Es sind seine Freunde und sie bleiben es auch. Das tut ihm gut. Auch, wenn er sich mehr wünscht. Nur ein Wort, nur einen Blick, nur eine handfeste Begegnung, und sei sie auch noch so kurz. Er will ihn selber sehen!

„Friede sei mit euch!“ Da steht er in der Mitte. Er sagt es zu allen und schaut Thomas an.

„Freund, komm und sieh, komm und fühle, so wie du es verlangt hast. Schaue mit eigenen Augen und glaube!“

Thomas geht es durch und durch. Drei Jahre seines Lebens mit diesem Mann ziehen in Sekunden vor seinem Auge vorbei. Was hatte er nicht schon alles mit ihm erlebt. Jetzt weiß er es in einem Augenblick: Es ist alles wahr! Diesem Jesus konnte er sein Leben anvertrauen und sein Leben lang vertrauen. Er will ihm ganz neu ganz vertrauen und das neue Leben mit ihm wagen. Anders als zuvor. Aber nicht unbedingt schlechter.

„Mein Herr und mein Gott!“ ist alles, was er heraus bringt und es reicht vollkommen aus.

„Du siehst mich hautnah und glaubst! Ich bin auch hautnah bei denen, die mich nicht sehen und mir dennoch glauben. Sag das weiter, damit euer Glaube gestärkt werde!“

Text: Auszüge aus Apostelgeschichte 1-6: Geistreiche Bewegung in Jerusalem
Thema: Das Leben der Gemeinde
Zielgruppe: (Junge) Erwachsene
Methode: Erzählung

Es passierten wunderliche Dinge in Jerusalem. Die Stadt war in Bewegung. Alle waren ergriffen von dem Neuen, das sich rasch ausbreitete. Die Alten hörten es von den Jungen, die Eltern erzählten es den Kindern: „Erinnerst du dich an den Gelähmten an dem Tor des Tempels. Er ist nicht mehr gelähmt. Heute, vor einer Stunde, als ich vom Tempel kam, sah ich ihn herumspringen."
Die Kinder
machten große Augen: „Wie konnte das geschehen?"
„Die, die sich Christen nennen waren es. Sie zogen vorüber und sagten zum Gelähmten: Wir haben kein Geld, aber was wir haben geben wir dir. Der eine fasste ihn bei der Hand und zog ihn hoch und er stand auf festen Beinen."
„Ein Wunder!" staunten die Kinder und steckten die Erwachsenen an. „Ja, ein Wunder! Dass wir so was noch erleben dürfen!"
Die Sache sprach sich immer weiter rum, die Sache mit den Christen. Manche wurden böse, doch viele horchten auf. Etwas dergleichen war noch nicht vorgekommen.
Nicht nur die Wunder erregten Aufsehen. Fast noch mehr Aufsehen machte das Verhalten dieser Christen. In die Höhlen der Leprakranken gingen sie und ließen sich nicht abschrecken: „Nein, weicht von mir. Ich bin unrein!" konnten die Kranken nur noch sagen und schon spürten sie helfende Hände. Sie spürten Wärme und Hilfe, und dass sich jemand um sie kümmerte in ihrer Not. Sie fragten: „Warum?" Die schlichte Antwort lautete: „Weil Jesus es auch so gemacht hätte." Da erfuhren die Kranken, dass ihr Körper zwar dem Tode geweiht war, aber dass der Tod sie nicht für immer in sich aufnahm.
„Du wirst selbst krank werden", riefen einige.
„Ich weiß!", war die überraschende Antwort. Und obwohl tatsächlich viele selbst starben, wurden es immer mehr.
In Jerusalem wusste man, wo sie sich trafen. Es geschah nicht heimlich. Nein, sie trafen sich im Tempel zum Beten. Sie hielten an der alten Tradition der Psalmen fest, doch ein Tempeldiener wusste zu berichten: „Sie beten auch mit eigenen Worten. Sie bringen Gott ihren Dank und ihre Bitten dar, ohne sich an Vorgaben zu halten. Alle hören zu, sie nicken und sind einmütig beieinander. Es macht den Anschein, als ob es aus tiefstem Herzen kommt."
„Das geht doch alles nicht mit rechten Dingen zu!" sagten manche. „Wir müssen etwas unternehmen."

Sie sperrten die Anführer ein, holten sie vor Gericht und verboten ihnen, ihre Lehre weiterzusagen. Aber sie konnten sie nicht bestrafen. Sie waren keine Rebellen, ganz im Gegenteil: Sie taten dem Volk nur Gutes. Und das Volk war schwer beeindruckt von diesen Christen. Solche Leute hatten sie selten kennen gelernt.

Andere wiederum fühlten sich magisch angezogen, nicht nur vor der Liebe der Christen. Auch von ihrer Lehre. Davon, dass der Messias, auf den sie so lange gewartet hatten, da ist, mitten unter ihnen. Dieser Jesus aus Nazareth, der als Mensch unter ihnen gelebt und gelehrt hatte. Dieser lebt, sagten sie, nicht nur in ihren Herzen, sondern wahrhaftig. „Er will, dass auch wir leben."

„Das ist ja verrückt!", sagten die Alten, die schon ihr Leben lang auf den Messias gewartet hatten. „Der Messias war da und wir haben es nicht gemerkt! Das kann nicht sein!"

„Vielleicht ist es ja jetzt an der Zeit es zu merken!" erwiderten die, die schon viel von Jesus gehört hatten. „Kommt, lasst uns zu einer Versammlung der Christen gehen. Sie treffen sich in der Halle Salomos am Tempelplatz."

Viele trauten sich nicht. Sie hatten Angst. Angst vor der möglichen Veränderung. Davor, dass es doch alles nicht stimmt. Davor, dass sie alles, was sie bisher geglaubt hatten, aufgeben mussten. Doch die, die hingingen, erfuhren Ungeahntes. Sie hörten Gott selber zu sich sprechen und wurden erfüllt mit etwas, das sie bis dahin noch nicht gekannt hatten. Es war so gut, dass sie sich kurzerhand der jungen Gemeinde der Christen anschlossen, es ihren Freunden und Familien weitersagten und es Gott überließen, was er damit anfing. Und Gott fügte der Gemeinde mal 3000 hinzu, mal 5000 und täglich waren es mehr.

„Ja, aber wie, was, äh...!" Verwirrung breitete sich aus unter denen, die sich nicht wagten, sich den Christen anzuschließen. Aber sie waren beeindruckt und schätzten diese Gemeinschaft hoch. Doch sie fragten sich auch so manches Mal: „Wie kann so was geschehen, was wir vorher noch nie gesehen haben? Was ist passiert?"

Hatten sie es schon verdrängt, so wie Menschen es gerne tun, wenn sie mit etwas nicht zurechtkommen? Wenn etwas ihren Verstand übersteigt? Wenn etwas nicht in ihr Konzept passt? Hatten sie verdrängt, dass die einfachen Jüngerinnen und Jünger Jesu mitten in Jerusalem angefangen hatten in fremden Sprachen zu predigen, so dass jeder es in seiner eigenen Muttersprache hören konnte: „Jesus, der Nazarener, den Gott vor euch beglaubigt hat, durch machtvolle Taten, Wunder und Zeichen, die er durch ihn in eurer Mitte getan hat, wie ihr selber wisst - ihn, der nach Gottes beschlossenem Willen und Vorauswissen hingegeben wurde, habt ihr durch die Hand der Gesetzlosen ans Kreuz geschlagen und umgebracht. Gott selber hat ihn von den Wehen des Todes befreit und auferweckt, denn es war unmöglich, dass er vom Tode festgehalten wurde."

Einige drehten sich lachend weg: „Die sind ja betrunken, die Spinner!"

Wiederum andere gerieten außer sich angesichts dieser Reden. Was sollten sie auf diese Dinge erwidern? Wie sollten sie damit umgehen? War das eine Revolution der unteren Schichten, eine Revolte der Fischer und Zimmermänner? Oder sollte Gott tatsächlich…? Mitten unter uns?
Ist das denn denkbar???

Text: Apostelgeschichte 16,11-15: Lydia - Purpurhändlerin und Pionierin

Thema: Christ werden und Gesellschaft prägen

Zielgruppe: (Junge) Erwachsene

Methode: Lebensbild

Lydia! Schöner Name! Auch heute noch. Lydia! Eine bekannte Frau, eine bahnbrechende Frau, eine mutige Frau. Die erste Christin Europas.

Erstaunlich, dass es eine Frau war, die für Europa so eine bedeutende Rolle einnimmt. Damit hätte sie wohl kaum gerechnet, als dieser Paulus am Fluss auftauchte. Unbedeutend war sie schon damals in der Stadt Philippi nicht, aber dass sie mal so berühmt würde? Nein, das kann sich wohl kein Mensch ausdenken, was mit ihm passieren kann, wenn Gott in dessen Leben eintritt.

Bibeltext vorlesen

Was war das also für eine Person, in deren Haus die Wiege des Christentums steht?

Sie ist auf jeden Fall eine historisch nachgewiesene Person, was ja für die Geschichtsschreibung nicht ganz unwesentlich ist.

Sie ist eine Großunternehmerin und eine stadtbekannte Persönlichkeit mit wichtigen Geschäftsverbindungen, auch in weit entfernte Handelsstädte. Arm wird sie nicht gewesen sein, aber offensichtlich neugierig und wissbegierig, was die geistliche Nahrung angeht.

Lydia hört Paulus aufmerksam zu und stellt viele Fragen. Was sie da hört, überzeugt sie und sie wird Christin. Ihr Haus wird zu einem zentralen Treffpunkt. Sie hat ein offenes Haus und ausreichend Mittel, die sie einsetzt. Es entsteht das erste christliche Gemeindezentrum in Europa. Nicht zuletzt vermutlich auch, weil sie eine zielstrebige Person ist, die ein gutes Management vorzuweisen hat und sich durchsetzen kann.

Lydia scheut sich nicht, ihren Glauben öffentlich zu zeigen. Sie prägt ihre kleine Heimatgemeinde, Menschen, die Paulus sehr ins Herz geschlossen hat.

Die erste europäische Gemeinde – eine Vorzeigegemeinde.

Diese Frau ist bemerkenswert. Diese Frau ist der Ausgangspunkt für das christliche Europa. Das muss man sich mal vorstellen!

Sicherlich hat sie sich nicht gerade unbedeutend in ihrer Stadt gefühlt, aber bestimmt nicht so bedeutend, dass sie 2.000 Jahre später immer noch zu Wort kommen kann.

Diese Frau ist bemerkenswert, weil sie Nägel mit Köpfen macht. Sie lässt nicht nur sich selber taufen, sondern gleich ihr ganzes Haus, zu dem wohl etliche Familienangehörige und Hausangestellte gehörten. Das ist doch eine herzerfrischende Selbstverständlichkeit, in der da mit Glauben umgegangen wird.

Am bemerkenswertesten aber ist wohl ihr offenes Herz für Christus, die Bereitschaft, ihr Haus zu öffnen, andere teilhaben zu lassen ohne Ansehen der Person, ob Geschäftspartner oder Hausangestellter. Vorbildlich ist ihre Gastfreundschaft und Furchtlosigkeit im Bekennen ihres neuen Glaubens, der auch in Philippi nicht immer gern gesehen war.
Da hat Gott sich die richtige Frau ausgesucht. Sie ist ein gutes Vorbild für alle Europäerinnen und Europäer bis heute, die ihren Glauben nicht privatisieren, sondern öffentlich bekennen wollen.
Lydia- die erste Christin Europas. Eine Frau mit Herz und Verstand, dem Gespür für das, was dran ist und einem segensreichen Understatement in Sachen Gemeindebau.

Text: Römer 5,6-11: Gemeindeleben praktisch
Thema: Sorgen und Seelsorge in der Gemeinde
Zielgruppe: (Junge) Erwachsene
Methode: Erzählung in Briefform

Lieber Paulus,
wir machen uns einige Sorgen. Wir haben deine Worte gelesen und gehört: Wir sind gerecht gemacht aus Glauben. Doch wir nehmen an uns und unseren Gemeindegliedern wahr, dass so wenig tatsächlich passiert und sich ändert. Erst letztens bekam ein Ältester aus der Gemeinde einen fürchterlichen Wutausbruch, weil wir vergessen hatten, ihn zum Abendmahl einzuladen. Es war schrecklich und furchtbar peinlich. Wir fragen uns, wie wir damit umgehen sollen, dass wir in unserem Alltag so wenig von unserer neuen Gerechtigkeit durch Christus spüren. Manche haben auch Angst, was am Ende mit ihnen wird, wenn wir uns vor Gott verantworten müssen. Ach, Paulus, uns quält die Angst und es ist so wenig zu spüren vom Evangelium, das du uns gebracht hast. Bitte, hilf uns.

Liebe Gemeinde in Rom,
6 Christus ist schon zu der Zeit, da wir noch schwach und gottlos waren, für uns gestorben.
Erinnert euch daran und haltet daran fest. Gerade das ist ja die Gnade Gottes, die ganz anders ist, als unsere eigenen Vorstellungen von Moral, Gerechtigkeit und Vernunft. Er fragt nicht zuerst danach, ob wir es wert sind, denn das werden wir wohl niemals sein. Das, was wir eigentlich tun sollten, hat Gott schon für uns getan.
7 Dabei wird nur schwerlich jemand für einen Gerechten sterben; vielleicht wird er jedoch für einen guten Menschen sein Leben wagen.
Nicht wahr, wir Menschen würden es uns sehr überlegen, für wen oder was wir unser Leben dahin geben. Für eine gute Sache? Vielleicht! Für unseren Partner? Kann sein! Vielleicht am ehesten noch für unsere Kinder. So auch Gott: Für seine Kinder gibt er sein Liebstes her. Er schont sein eigenes Herz nicht, um uns seine Liebe zu zeigen.
8 Gott aber hat seine Liebe zu uns darin erwiesen, dass Christus für uns gestorben ist, als wir noch Sünder waren.
Nicht, als wir das Prädikat „sehr gut" hatten, sondern als wir noch „mangelhaft" waren, war Gott für dieses Opfer bereit. Die Liebe Gottes zu seinen Geschöpfen kommt doch gerade dadurch so großartig zum scheinen, weil sie so bedingungslos ist. Gott war doch schon immer der Liebende, der Barmherzige, der Geduldige. So hat er sich uns in den alten Schriften vorgestellt. Als der, der seinen Arm immer wieder zurückhält und vergibt. In Christus bekommt dieser Gott ein Gesicht. In

Christus spüren, sehen und erkennen wir die hartnäckige, opferbereite und 100%ige Liebe Gottes zu uns. Das steht fest, heute und in Ewigkeit.
9 Nachdem wir jetzt durch sein Blut gerecht gemacht sind, werden wir durch ihn erst recht vor dem Gericht Gottes gerettet werden.
Darum macht euch nicht zu große Sorgen, auch nicht vor dem Tag, da ihr vor euren Schöpfer tretet. Denn Jesus ist wirklich für uns eingetreten. Sein Tod war nicht umsonst. Ihr braucht keine Angst vor Gott haben oder vor dem, was noch auf uns zukommen mag.
10 Da wir mit Gott versöhnt wurden durch den Tod seines Sohnes, als wir noch (Gottes) Feinde waren, werden wir erst recht, nachdem wir versöhnt sind, gerettet werden durch sein Leben.
Ja, wir wollen es nicht verschweigen. Wir sind Gott fern und feind. Wir klammern ihn immer wieder aus den Aktivitäten unseres Lebens aus. Angst und Sorge sind die Mächte, die unser Leben bestimmen. Gern schwören wir auf eigene Kräfte. Und wenn es nicht so läuft, wie wir es uns vorstellen, verdammen wir Gott. Aber gerade dafür ist Jesus mit seinem Tod eingestanden. Wir sind Versöhnte, d.h. alles ist wieder gut.
11 Mehr noch, wir rühmen uns Gottes durch Jesus Christus, unseren Herrn, durch den wir jetzt schon die Versöhnung empfangen haben.
Denkt nicht mit Schrecken an das Gericht Gottes. Wir sind hineingenommen in die rettende Liebe Gottes. Freut euch viel mehr jetzt schon an der Zuneigung Gottes, daran, dass er sich zu uns herab beugt. Er, der große Gott, will mit uns kleinen Leuten zusammen sein. Nicht einfach so, weil er Spaß daran hat, sondern aus tiefer Sehnsucht nach denen, die er geschaffen hat. Das will unser Leben jetzt und hier schon verändern, ja, verbessern.
Ich bete für euch und die Gemeindeglieder, dass sie dies alles wirklich mit Herz und Verstand begreifen, glauben und für immer bewahren, gerade dann, wenn Zweifel und Sorgen größer zu sein scheinen.
Der Friede unseres Herrn Jesus Christus sei mit euch allen.

Text: 1. Thessalonicher 3,12+13: Wachsen gegen den Trend

Thema: Was Gemeinden stark macht

Zielgruppe: Erwachsene, Mitarbeitende

Methode: Andacht

„Wachsen und immer reicher werden!“ Oh ja. Das brauchen wir, das wollen wir, da machen wir mit. Was für eine Vision, wenn die Kirchenbänke voll sind, lauter Gesang in den heiligen Hallen tönt, Menschen sich begeistern lassen, richtig was los ist.

Wachstum gegen den Trend eben!

Wäre es nicht toll, wenn man endlich mal wieder was vorzuweisen hätte, die ganze missionarische Mühe Erfolg hätte, so genannte Kirchenferne uns die Tür einrennen würden, weil sie merken: Da ist doch etwas!

Was werden sie vorfinden, wenn sie kommen?

Liebe untereinander und jedermann (und jederfrau)? Respekt, Fürsorge, Offenheit, Klarheit, Weite, Vertrauen, ehrliche Zuneigung, Verständnis?

Schön wär's! Denn das ist es, was Gemeinde und ihre Mitglieder stark macht. Das ist es, was Menschen vollkommen, „astrein“, hundert Prozent korrekt verändert.

Diese Liebe ist heilig und macht heilig. Sie ist besonders und macht besonders, sie heilt Herzen und hat Bestand – gegen den Trend!

Text: Bibel allgemein: Meine Bibel spricht mit mir

Thema: Bibel im Alltag erleben und nutzen

Zielgruppe: Jugendliche

Methode: Anspiel

Szene: Jemand schläft im Bett. Der Wecker klingelt. Die Person wacht langsam auf, reckt und streckt sich. Will schon aufstehen, da ertönt eine Stimme:

Bibel: Hey, guten Morgen. Gut geschlafen?

Mensch: Hm? Was iss los? Wer spricht denn da?

B: Na ich! Komm, verbring ein bisschen Zeit mit mir.

M: Hä? Wer spricht denn da? Träum ich noch, oder was?

B: Nö. Ich bin ziemlich echt. Und ich will jetzt ein bisschen Zeit mir dir verbringen. Also, los.

M: Ich kapier gar nichts mehr. Wo bist du denn?

B: Hier hinten. Hallo. In deinem Bücherregal. Das siebte Buch von links in der untersten Reihe. Du hast mich hier ganz gut deponiert. Musst mich erstmal ein bisschen abstauben.

M *(steht langsam auf und geht an das imaginäre Bücherregal, wo die Bibel auf sie wartet)*: Ja, wer bist du denn?

B: Gute Frage. Wird Zeit, dass du es raus findest. Ich habe dir viel zu sagen.

M: Wie heißt du denn?

B: Manche sagen Evangelium zu mir. Oder Gute Nachricht. Oder Testament. Du darfst aber einfach Bibel zu mir sagen.

M: Oh! Ich fass es nicht. Meine Bibel spricht zu mir.

B: Ja, immer wieder gerne. Wäre schön, wenn du auch mit mir sprichst.

M: Aha. Wie soll das denn gehen?

B: Hol erstmal einen guten Kumpel von mir. Das ist die Bibellesehilfe da, ein Stockwerk tiefer. Aber, ganz unter uns: Ich nenne sie immer Friedelgunde. Darüber ärgert sie sich immer. Aber so ein kleiner Schabernack belebt die Freundschaft. Eigentlich arbeiten wir ganz gut miteinander. Wunder dich aber nicht. Sie spricht nicht so gerne.

M: Friedelgunde. Friedelgunde. Ich erinnere mich. So was habe ich, glaub ich, von unserer Pfarrerin bekommen. Da ist sie ja auch schon. Guten Morgen, Friedelgunde. Schön, dich kennen zu lernen.

B: Wie schon gesagt. Sie spricht nicht so gerne laut. Aber sie hilft dir gern. Schlag mal das Datum von heute auf.

M: Sonntag, 7. November 2010.

B: Was steht da?

M: Psalm 46, 2-3a: Gott ist unsere Zuversicht und Stärke, eine Hilfe in den großen Nöten, die uns getroffen haben, darum fürchten wir uns nicht.

B: Gut, oder?

M: Öhm ja, klingt erstmal gut.

B: Aber?

M: Versteh ich nicht so ganz.

B: Versuch es dir doch einfach mal vorzustellen. Zuversicht und Stärke. Was verstehst du denn darunter? So ganz konkret?

M: Zuversicht? Das ist positiv. Wenn ich Hoffnung habe, dass alles gut wird, es eine Lösung geben wird für die Sachen, bei denen ich noch nicht so den Durchblick habe. Zum Beispiel habe ich mich vorgestern total mit meiner besten Freundin gezofft. Jetzt ist sie voll sauer.

B: Und was hoffst du?

M: Dass es wieder gut wird. Dass wir uns wieder vertragen, denn ihr kann ich alles sagen. Das tut mir gut.

B: Das macht dich stark?

M: Genau. Ich fühl mich nicht allein. Ich weiß, sie ist immer für mich da und sie wäscht mir auch mal den Kopf. Sie sagt mir auch ihre Meinung. Drum haben wir uns ja auch gezofft. Aber eigentlich finde ich das richtig gut.

B: Find ich auch gut. Also, stell dir mal vor: Gott meint es auch gut mit dir. Er tut vielleicht nicht immer das, was du willst. Kann sein, du ärgerst dich mal über ihn, weil du ihn nicht verstehst. Aber wie bei deiner besten Freundin kannst du dir sicher sein, dass er es gut mit dir meint. Das macht dich stark und gibt dir Hoffung.

M: Das gefällt mir. Irgendwie war mir noch nie so klar, dass Gott mir so nah sein kann.

B: Er ist dir sogar sehr nah, so nah, dass… ja, was. Lies noch mal.

M: Eine Hilfe in den großen Nöten, die uns getroffen haben.

B: Heftig, oder?

M: Das kannst du laut sagen. Das hört sich so an, als ob es da jemandem ganz schlecht ging.

B: Klar erkannt. Da haben Menschen schwere Zeiten erlebt. Es ging ihnen gar nicht gut. Andere haben sie fertig gemacht. Ich glaub, ihr sagt dazu heute: mobben.

M: Ja, das stimmt. Das passiert sogar schon bei uns in der Schule. Da werden Lehrer und Schüler voll fertig gemacht, vielleicht weil sie nicht so schlau sind, oder nicht so cool. Das finde ich ziemlich schlimm, aber ich weiß auch nicht, was ich da machen soll.

B: Einfach ist es sicher nicht. Das kann ich dir sagen. An Gott glauben und mit ihm zu leben, heißt nicht, dass alles einfacher wird.

M: Schön wäre es aber. Dann würden vielleicht auch mehr Leute an ihn glauben.

B: Klar, aber das ist zu simpel. Was Gott aber versprochen hat, ist, immer da zu sein. Und was steht da noch?

M: Darum fürchten wir uns nicht.

B: Das ist doch stark, oder? Stell dir das mal vor. Du musst keine Angst haben.

M: Naja, aber ich habe doch oft Angst vor allem Möglichen. Davor, dass meinen Eltern was passiert. Oder dass ich die nächste Klassenarbeit verhaue.

B: Das verstehe ich. Du sollst ja auch nicht die furchtlose Heldin werden. Du musst aber wirklich keine Angst davor haben, dass Gott dich verlässt bei deinen Problemen. Oder dass er dich hängen lässt. Er ist mittendrin dabei und kann verstehen, wie du dich fühlst.

M: Ja, das beruhigt mich ein bisschen.

B: Siehst du. Das ist doch schon mal ein Anfang.

M: Mensch, ich könnte jetzt stundenlang so weiter machen.

B: Na, dann schau mal auf die Uhr. Ich glaub, du solltest dich jetzt mal fertig machen.

M: Oh, Mann. Ich hab völlig die Zeit vergessen. Ich komm bestimmt zu spät. Was mach ich denn jetzt?

B: Fürchte dich nicht. Du schaffst das schon. Gott ist mit dir. Mach's gut.

M: Bis morgen, dann, oder?

B: Meinetwegen immer gern. Was ist mir dir, Friedelgunde?

Printed by Books on Demand GmbH, Norderstedt / Germany